Positionen und Perspektiven Nr. 1

Der Bischof von Limburg

Dr. Franz-Peter Tebartz-van Elst

Inhalte brauchen Zeugen
Mission braucht Mut zum Inhalt

Bibliografische Information der Deutschen Nationalbibliothek
Die Deutsche Nationalbibliothek verzeichnet diese Publikation in der Deutschen Nationalbibliografie; detaillierte bibliografische Daten sind im Internet unter http://dnb.d-nb.de abrufbar.

Herausgeber: Dr. Franz-Peter Tebartz-van Elst

Verlag: Verlag des Bischöflichen Ordinariats Limburg / verlag@bistumlimburg.de

Redaktion: Roland Berenbrinker

Gestaltung: Cornelia Vogt, Informations- und Öffentlichkeitsarbeit

Druckerei: Druckerei Lembeck, Frankfurt am Main

Papier: Munken Pure, FSC-Papier

FSC
Mix
Produktgruppe aus vorbildlich bewirtschafteten Wäldern und anderen kontrollierten Herkünften
www.fsc.org Zert.-Nr. GFA-COC-001681
© 1996 Forest Stewardship Council

Bistum Limburg

ISBN: 978-3-921221-68-6

Inhalt

Vorwort zur Reihe „Positionen und Perspektiven", Nr. 1

Zum 50 jährigen Jubiläum der Kreuzwoche im Bistum Limburg erscheint der erste Band der neuen Schriftenreihe „Positionen und Perspektiven".

Wohl kein Zeichen des christlich-kirchlichen Glaubens ist so sprechend zum Träger einer Botschaft geworden wie das Kreuz Christi. Es ist wie eine Grundkatechese unseres österlichen Bekenntnisses. Es erschließt unsere Lebensfülle in der Gemeinschaft des dreifaltigen Gottes.

Der Glaube der Christen fußt auf dem Bekenntnis der Kirche. Hier kommt zum Ausdruck, wie sich Gott in seinem Sohn Jesus Christus offenbart hat. Das Apostolicum, wie das Credo der Christen auch genannt wird, bewahrt uns davor, zu klein von Gott zu denken. Kirchlicher Glaube vermittelt eine inhaltliche Vergewisserung, die uns bekennen lässt, wer Gott für uns ist und in der wir als Christen aus seiner Fülle leben.

Glaubensinhalte sind unverzichtbar in der Glaubensweitergabe. Sie helfen uns Glaubensidentität zu bezeugen. Im Religionsunterricht und in der Katechese begreifen wir zunehmend, dass es mehr Mut zum Inhalt braucht. Die im Schreiben der deutschen Bischöfe zur missionarischen Pastoral (Zeit zur Aussaat. Missionarisch Kirche sein, 2000) geforderte Auskunftsfähigkeit und Sprachfähigkeit setzt voraus, dass Religionslehrerinnen und -lehrer, Katechetinnen und Katecheten selbst im Credo der Kirche beheimatet sind. Was sich uns erschlossen hat, können wir anderen weitergeben.

In diesem Sinn wollen die beiden Beiträge dieses ersten Heftes der Schriftenreihe „Positionen und Perspektiven“ dazu anregen, Wege und Methoden in der Glaubensvermittlung entschiedener in den Dienst einer mystagogischen Erschließung der christlich-kirchlichen Glaubenswahrheiten zu stellen. Wo Erkenntnis zum Bekenntnis reift, trägt der Glaubensinhalt beide: die Verkündenden und die Lernenden. Auf diese Weise tut sich der Horizont auf, den der Apostel Paulus im Römerbrief eröffnet: *„Wenn du mit deinem Mund bekennst: ‚Jesus ist der Herr' und in deinem Herzen glaubst: ‚Gott hat ihn von den Toten auferweckt', so wirst du gerettet werden.“* (Röm 10,9)

Limburg an der Lahn, zum 50-jährigen Jubiläum der Kreuzwoche,
am 14. September 2009

+ Dr. Franz-Peter Tebartz-van Elst
Bischof von Limburg

Inhalte brauchen Zeugen [1]

1. Der Bischof und die Menschen mit Missio

Für mich hat dieser Tag zwei Höhepunkte. Zum ersten Mal habe ich als der neue Bischof von Limburg die Gelegenheit, Ihnen, den Religionslehrerinnen und Religionslehrern unseres Bistums, als meinen Mitarbeiterinnen und Mitarbeitern in der Weitergabe unseres Glaubens zu begegnen und Ihnen ausdrücklich für diesen wichtigen Dienst zu danken. Manche von Ihnen durfte ich schon persönlich kennen lernen, etwa beim Don-Bosco-Tag oder bei anderen Gelegenheiten. Im Austausch und Zusammensein mit Ihnen wird mir bewusst: Unsere Verbindung und Verbundenheit untereinander ist ein Ereignis des Glaubens. Es ist Jesus Christus, die Teilhabe an seinem Evangelium und die Weitergabe seiner Botschaft, die uns als Glieder an seinem Leib, der Kirche, zu einem lebendigen Organismus werden lässt.

Ausdrücklich benennt der Epheserbrief unsere Zusammengehörigkeit am Leib Christi im 4. Kapitel: *„Und er (Christus) gab den einen das Apostelamt, andere setzte er als Propheten ein, andere als Evangelisten und Lehrer, um die Heiligen für die Erfüllung des Dienstes zu rüsten, für den Aufbau des Leibes Christi. So sollen wir alle zur Einheit im Glauben und in der Erkenntnis des Sohnes Gottes gelangen. Damit wir zum vollkommenen Menschen werden und Christus in seiner vollendeten Gestalt darstellen"* (Eph 4,11-13).

Was uns verbindet, ist mehr als eine Philosophie im Sinne einer „corporate identity". Es ist die Person Jesu Christi, der Mensch geworden ist, für uns den Tod gelitten hat und auferstanden ist, der in seiner Kirche lebt und wirkt bis zu seiner Wiederkunft am Jüngsten Tag. Die harte Wirklichkeit unserer Grenzen, ja unsere Endlichkeit ist dort überwunden, wo das Wort, das vor aller Zeit dem Leben und dem Sein einen

---

[1] Vortrag in der Kreuzwoche, am Tag der Religionspädagogik, am 9. September 2008.

Anfang gesetzt hat, in sterblichem Menschenfleisch Gestalt angenommen, unter uns gelebt, die Jünger und die zwölf Apostel um sich versammelt hat, damit dieses einmalige Ereignis, in dem Zeit und Ewigkeit sich berühren, mehr bleibt als eine Episode.

Das Christentum ist eine Religion mit einem Gründungsdatum, aber mit einer Auferstehungsbotschaft, die über den Zeitkäfig hinausragt. „Damit der Mensch an sein Ziel kommt." Bis zu Jesus hin reicht die Kette derer, denen als Nachfolger der Apostel die Hände aufgelegt wurden. Ich bin nur ein Glied in dieser Kette. So kam ich mir vor, als Bischof Franz Kamphaus mir auf dem Felsen über der Lahn, im Chorhaupt des Domes, den alten Stab, den das Bistum Limburg als kostbare Reliquie bewahrt, den Stab des Apostels Petrus, des „Felsens", auf dem die Kirche gebaut ist, übergab. Das war für mich ein bewegender Moment.

Der zweite Höhepunkt dieses Tages soll heute Nachmittag kommen, wenn ich 50 neue Religionslehrerinnen und Religionslehrer aussenden werde, so wie ich ausgesandt worden bin, um diese Verbindung mit Jesus ausdrücklich zu machen, um „Menschen mit Missio" mit diesem Strom des Glaubens durch die Zeiten zu verbinden.

Wo Sie Ihrerseits Kindern und Jugendlichen die gute Nachricht vom Reich Gottes ausrichten, tragen Sie künftig Mitsorge dafür, dass diese Verbindung weitergeht. Ja, wir sind Menschen mit Missio, Menschen mit einer Sendung und einem großartigen Auftrag. Die Nachricht, um die es geht, ist die beste, die es gibt, die Botschaft von der Liebe Gottes. Als vor drei Jahren in meinem Heimatbistum Münster ein Motto für das 1200-jährige Jubiläum gesucht wurde, begaben sich die Werbeagenturen mit den Veranstaltern in eine Klausurtagung, um herauszuhören, worum es Christen geht, wenn sie diese Geschichte in den Blick nehmen. Am Ende vieler Fragen über das, was Christen bewegt, präsentierten die Werbetexter die Antwort, die sie aus allem herausgehört hatten: „Eine Liebesgeschichte!" Darum geht es – dass diese weitergeht!

Wenn Gott uns liebt und dies unsere Botschaft ist, wie könnten wir nicht auch einander lieben. Die Liebe untereinander fermentiert das funktionale Geflecht menschlicher Beziehungen. Sie gibt uns Kraft in schweren Zeiten, trägt uns, wenn wir schwindelig werden, wenn wir stolpern oder fallen. Mit dieser Kraft können wir wieder aufstehen. Der Geist dieser Liebe gibt uns Trost und Mut und Kraft. Er setzt das Vorzeichen vor die Klammer, die die Welt bedeutet. Das Vorzeichen vor der Welt, in der wir leben, ist auch das Vorzeichen vor der Schule.

Wenn das Kreuz wie ein Pluszeichen vor der Klammer steht, dann gilt das berühmte Wort des Bischofs Augustinus von Hippo: „Liebe – und tu, was du willst!“ [2]

Wenn Kinder merken, dass die Lehrerin bzw. der Lehrer sie gern hat, dann sehen sie ihm auch einmal eine lahme Stunde, die eine oder andere Nachlässigkeit, die eine oder andere Müdigkeit, Unaufmerksamkeit oder sogar Ungerechtigkeit nach, und das bedeutet bei Kindern viel. Wie schön ist es, wenn Kinder uns die Liebe zurückgeben können. Nicht alle schaffen das. Davon soll auch nichts abhängen, denn die Liebe im Sinne der Bergpredigt hat nichts von einem Tauschgeschäft. Wir grüßen auch die, die uns nicht grüßen.

2. Der Religionsunterricht in Turbulenzen der Reformkonjunktur

In diesen Zeiten Lehrer zu sein ist kein Zuckerschlecken. Eltern haben hohe, oft auch übertriebene Erwartungen an die Lehrerin oder den Lehrer. Immer öfter bringen Kinder, denen zu wenig Zuwendung, Aufmerksamkeit, zu wenig Liebe entgegengebracht wird, die vor dem Bildschirm alleine gelassen werden, nicht die Kraft auf, sich zu konzentrieren und

[2] „Dilige et quod vis fac“ (Augustinus von Hippo, In epistulam Ioannis ad Parthos, tractatus VII, 8).

auch einmal still zu ein. Wie oft haben sie keine Lust, sind zappelig, ruppig, unmotiviert, gewalttätig. Und solche Kinder soll ich lieben? Das kann schwer sein.

Wir alle sind keine Übermenschen, auch Lehrer nicht. Aber die Liebe hat Kraft. Auch Lehrer wollen und sollen geliebt werden. Mein Eindruck ist, dass der Lehrberuf in unserer Gesellschaft mehr Respekt und Anerkennung verdient und mehr Aufwertung erfahren muss. Immer noch wird dieser Beruf von den allermeisten als Berufung gesehen. Lehrer sind sehr schnell erste Adressen für Schuldzuweisungen.

Wenn bei der OECD-Untersuchung PISA Deutschland im unteren Mittelfeld hängen bleibt, dann kommen die Besserwisser. Dann ist die Schule nicht „richtig aufgestellt“, die Management-Qualitäten der Lehrer lassen zu wünschen übrig, eigentlich sollten sie ja „Führungskräfte“ sein. Dann kommen die Berater, die ihr Handwerk im Profit-Bereich, in der Wirtschaft, gelernt haben. Für die Inhalte interessieren sie sich nicht, aber sie reden von Qualität und Qualitätssicherung, sie bringen Rezepturen, „stellen die Schule neu auf“, modularisieren und optimieren. In kurzen Abständen wird die Schule je neu erfunden. Bildungsstandards treten an die Stelle der Lehrpläne, ein neues Inspektionssystem soll die Schulaufsicht ersetzen. An vielen Stellschrauben wird gedreht, mir scheint, an fast allen gleichzeitig. Da kommt es mir fast wie ein Wunder vor, wenn es immer noch Lehrerinnen und Lehrer gibt, die mir mit leuchtenden Augen von ihrem gelungenen Unterricht erzählen.

In den Gesprächen, die ich mit Missio-Kandidatinnen und -Kandidaten geführt habe, die ja keine Anfänger sind und wissen, was es heißt, sechs und mehr Stunden am Tag zu unterrichten, habe ich bei all den Schwierigkeiten, über die wir geredet haben, spüren können: Er ist da, der Geist, der uns verbindet!

Grund für mich, Ihnen, den engagierten Menschen mit Missio, heute, am Tag der Religionspädagogik, meinen Respekt und meine Anerkennung auszusprechen und Ihnen für Ihren oft schwierigen Dienst meinen herzlichen Dank zu sagen.

3. Der Religionsunterricht – ein PISA-Verlierer

Wenn ich dann die Statistik sehe, die die Länder uns zukommen lassen, weil wir als Kirche nach dem Willen unserer Verfassung für den Religionsunterricht Mitverantwortung tragen, dann bin ich alarmiert. Die Zahlen sind schlecht. Sagen wir es klar und deutlich. Es ist nicht akzeptabel, dass in Hessen 85% des Religionsunterrichts an den Berufsschulen ausfällt. Es ist nicht akzeptabel, dass in Frankfurt und Wiesbaden nur etwa die Hälfte der katholischen Kinder den Religionsunterricht erhalten, der ihnen zusteht. Für Rheinland Pfalz wünsche ich mir, dass der Religionsunterricht nicht fachfremd oder einfach im Klassenverband erteilt wird. Nach PISA, das den Religionsunterricht bei seinen Untersuchungen beiseite gelassen hat, konzentrieren sich viele Schulmanager und die Kultusbehörde - die ja auch unter Druck steht - auf die so genannten Kernfächer, zu denen sie Religion nicht zählen.

Der Religionsunterricht hat nicht nur Freunde, er hat wenig Feinde, aber Viele, zu Viele, die ihn für entbehrlich halten oder sagen: „Nicht so wichtig“. Wie wichtig ist der Religionsunterricht? Wie wichtig ist er den Eltern, wenn der Schulleiter sie vor die Wahl stellt: Soll Englisch ausfallen, Mathematik, Deutsch oder Religion? Wie wichtig ist er der Schulaufsicht, der Kultusministerin, dem Kultusminister?

Wenn man die Kinder fragt, wie das Anton Bucher in seiner großen empirischen Untersuchung getan hat, hellt sich das Bild auf. [3] Die allermeisten mögen ihn, vor allem in der Grundschule.

---

[3] Vgl. A. Bucher, Religionsunterricht als Lernfach und Lebenshilfe: eine empirische Untersuchung zum katholischen Religionsunterricht in der Bundesrepublik Deutschland, Stuttgart 2000.

4. Zeitgeist im umspringenden Wind

Wir stehen im Wechselwind. Nach dem Kollaps des machtgestützten Marxismus, der auch im Westen viele Köpfe imprägniert hatte, war viel von der „Wiederkehr der Religion“ die Rede. Das eindrucksvolle Leben und Sterben Papst Johannes Pauls II. hatte alle Welt beeindruckt. Und alle Welt wunderte sich über die großen Weltjugendtage, ihre Fröhlichkeit, Begeisterung und Glaubensfreude. Papst Benedikt XVI., ein Deutscher, ein großer Intellektueller und Denker auf dem Stuhl Petri versteht es die Botschaft unseres Glaubens in bewegende Worte zu bringen und die Menschen damit anzusprechen. Haben wir nun den Wind im Rücken?

Von Spiritualität und Spiritualitäten ist viel die Rede. Der Erfolg dieses Begriffs hängt nach meinem Eindruck damit zusammen, dass er im Kern und an den Rändern unscharf bleibt und ganz schnell zur Schau werden kann. Im umspringenden Wind der Spiritualitäten kann der Satz nie falsch sein, von dem ich mir habe sagen lassen, dass ihn die Religionslehrerinnen und -lehrer standardmäßig hören: „Das muss jeder für sich selbst entscheiden.“ Aber was vielleicht eine Antwort sein sollte, bringt die eigentliche Frage erst zum Vorschein: Was ist es, wofür jeder sich selbst entscheiden sollte? Was war das für eine Religion, von der es hieß, sie sei wiedergekehrt? Die eigentliche Frage ist die nach den Inhalten.

Der Blick fällt auf den Islam, dessen Bindungskraft und Bekenntniswillen stark geworden ist, seit er sich gegen einen undeutlichen „Westen“ profilieren kann, dem er Gottlosigkeit und Libertinage vorwirft. Sein neues Selbstbewusstsein macht das Thema Religion im öffentlichen Raum auf neue Weise präsent. Wer der Zeit den Puls fühlt, wird Fieberschübe diagnostizieren. Irrationalismen, Esoterik, Spiritualitäten, linde Lüfte sind erwacht, ein Mystizimus, der nur auf Entgrenzung setzt und – komplementär dazu – ein Individualismus, dessen „Credo“ nicht weiter kommt als bis zu dem Satz: „Das muss jeder für sich selbst entscheiden.“

Bischöfe stehen vielleicht manchmal unter dem Verdacht, in einem elfenbeinernen Turm zu sitzen und nicht so recht mitzubekommen, was draußen vorgeht. „Herr Bischof, wenn Sie wüssten...“. Oft genug höre ich diesen Satz. Aber die Gespräche und Begegnungen mit Ihnen und in den Gemeinden helfen mir, die Augen und Ohren aufzumachen, nüchtern und realistisch den Ist-Zustand wahrzunehmen. Aber eines kann und will ich nicht: den Ist-Zustand als Norm hinnehmen.

Wir sind Christen! Wir haben eine „gute Nachricht“, die beste, und wir sind nicht mutlos. Wir strecken uns aus nach dem Himmel. So stoßen wir uns ab vom Ist-Zustand, wie ein Boot, das vom Ufer aus vorankommen will. Wir können nicht alles so lassen wie es ist. Lassen Sie uns im umspringenden Wind die Segel aufspannen! Es ist ja wahr: Jeder muss in der Tat eine Entscheidung für sich selbst treffen. Lassen Sie uns die Antwort geben auf die eigentliche Frage, von der alles abhängt. Es geht um die Entscheidung für Jesus Christus.

5. Die Chancen der Grundschule

Wer die Segel aufgespannt hat, kann kreuzen. Das ist die Kunst, auch im Gegenwind ans Ziel zu kommen. Statt über Beklagenswertes zu seufzen, sollten wir die Chancen sehen und sie nutzen!

Ein Beispiel: Natürlich könnte man lange darüber klagen, dass von einer religiösen Erziehung im Elternhaus oft nichts mehr zu merken ist – das ist in der Tat sehr zu bedauern. Aber vor welcher Riesenchance steht ein Mensch mit Missio in einer Kindertagesstätte, ein Mensch mit Missio, der in der ersten Grundschulklasse auf Kinder in einem empfänglichen Alter trifft, die sich freuen, endlich ein Schulkind zu sein!

Wenn die Kinder tatsächlich, wie es heißt „nichts mehr mitbringen“, kein Kreuzzeichen kennen und kein Gebet sprechen können, dann ist der Mensch mit Missio der erste Zeuge. Auf ihn kommt es an! Er kann ihnen zeigen, wie man das Kreuzzeichen macht, er kann mit ihnen

Gebete sprechen und singen. Er ist der erste, der ihnen von Gott und seiner Liebe zu den Menschen erzählen darf.

Wie wichtig ist der Religionsunterricht, wie wichtig ist der Mensch mit Missio? Ich sage: So wichtig wie noch nie!

6. Der allzu liebliche Gott

Der erste Zeuge zu sein, das kann großartig sein und schön. Aber ist es auch immer leicht? „*Gottes Liebe ist so wunderbar*", so heißt ein Kinderlied, zu dem man klatschen kann. Das ist wahr. Gottes Liebe ist wunderbar!

Was aber, wenn Fragen kommen? Auch kleine Kinder haben große Fragen. Auch sie leben nicht in der Idylle. Da trennen sich die Eltern. Die Oma ist krank, der Opa stirbt. „Dabei habe ich doch so fest gebetet: `Lieber Gott, mach, dass der Opa nicht stirbt´."

Was kann eine Lehrerin tun, die nicht von einem niedlich-lieblichen Gott reden will, sondern sich mit den Kindern vor einen Gott stellen will, der am Kreuz hing und als Mensch mit uns den Psalm der Gottverlassenheit gebetet hat: „*Mein Gott, mein Gott, warum hast du mich verlassen?*" (Ps 22,2).

Die Erfahrung der Dunkelheit mussten gerade unsere Vorbilder, die großen Christen machen, Mutter Teresa, die Heilige, die fromme Frau. Seit der Veröffentlichung ihrer persönlichen Aufzeichnungen wissen wir: Sie wurde auch vom kalten Sog der Leere, von der Auszehrung der Gottesferne erfasst. Wo war *er*, wo konnte sie seine Zusage „*Ich bin da*" spüren? Und doch hielt sie an ihm fest. Dazu gab er ihr zuletzt die Kraft! Gott offenbart sich. Er ist da! Das ist die Kernbotschaft im alten Israel. Er offenbart sich auch, indem er sich in sein Geheimnis entzieht. Das ist der Gott der Bibel, der Gott Hiobs, der Gott Jesu. Wie können wir das Geheimnis Gottes Kindern erklären, wenn dieses Geheimnis sogar die wortmächtigsten Mystiker zum Stammeln bringt? Wenn wir uns mit kleinen Kindern vor Gott stellen und von seiner Liebe reden, und wenn dann die einfachen Rechnungen nicht aufgehen, dann stehen wir vor seinem Mysterium.

Der verborgene Gott ist ein Mysterium. Aber er ist da! Und ist nicht auch die Liebe Gottes ein Mysterium? Ist sie nicht dort am gewaltigsten, wo sie unverdient ist, nicht mit einem Tauschgeschäft zu verwechseln?

Wir schauen auf das Kreuz, das Ereignis, das zum Zeichen der Liebe geworden ist. Auch die Liebe Gottes ist ein Geheimnis. Sie zu ergründen ist Menschen nicht möglich, auch hier fehlen uns am Ende die Worte. Dürfen wir dann, wie der Lehrer in dem Film „Die Feuerzangenbowle", sagen: „Das kriegen wir später..."? Was tun?

7. Symbole und Primärsymbole

Besonders in der Grundschule, aber sicher auch darüber hinaus, gilt – da sind sich die Pädagogen einig – das Prinzip der Ganzheitlichkeit. Mit „Kopf, Herz und Hand" – so heißt die bekannte Trias – lernen die Kinder am besten. Wenn alle Sinne einbezogen werden, ist das Unterrichtsgeschehen bunt, abwechslungsreich und auch erfolgreich. Aus dieser Grundeinstellung heraus ist in den vergangenen 20 bis 30 Jahren mehr und mehr die Symboldidaktik und das handlungsorientierte Lernen entdeckt worden.

Sinnliche Erfahrungen und Erlebnisse mit Unterrichtsinhalten zu verbinden, so raten uns die Lernpsychologen, ist weitaus einprägsamer als rein kognitive Verfahren.

Auch in den Religionsunterricht hat das Prinzip des ganzheitlichen Lernens, insbesondere die Symboldidaktik, Einzug gehalten. Wie andere Fächer nutzt auch er die Vorteile der erlebnis- und erfahrungsbezogenen Methoden. Das macht den Unterricht ansprechender, nachhaltiger, erfolgreicher. Malen, Basteln, Stilleübungen, Meditations- und Atemübungen,

Schärfung der Sinne durch Betasten von Gegenständen, das Horchen auf die Stimmen der Natur: Der Methodenkoffer ist gut gefüllt.

Lassen Sie mich aber auf einen bedeutsamen Unterschied hinweisen, der wohl nur für den Religionsunterricht gilt. Es gibt nämlich Symbole unterschiedlicher Art; solche, die die Lehrerinnen und Leher aufgreifen, weil sie in ihrer bunten Vielfalt einen abwechslungsreichen, sinnlichen und ganzheitlichen Unterricht ermöglichen, also im Grunde wegen ihrer didaktisch-methodischen Vorteile.

Aber dann gibt es Symbole von besonderer, ganz anderer Qualität. Es sind jene, die dem Geheimnis Gottes einen Platz in unserer Wirklichkeit verschaffen. Wir könnten sie aus Respekt vor Gott, dem Ersten und Einzigen, „Primärsymbole" nennen. Sakramente und Sakramentalien sind Primärsymbole. Im Religionsunterricht müssen beide Symbolformen vorkommen. Die didaktisch-methodischen können überall vorkommen, die sakramentalen nur im Religionsunterricht.

Warum ist diese Unterscheidung so wichtig? Wir standen vor dem religionspädagogischen Ernstfall. Die Lehrerin will den Kindern nicht einen lieblichen Märchengott vor Augen stellen, sondern den Gott der Bibel, den „Ich bin da", der in Jesus Gestalt angenommen hat und ans Kreuz geschlagen worden ist, der immer wieder die Realität und Normalität aufreißt, weil er ein Geheimnis ist.

Unser Glaube ist ein Glaube an das göttliche Geheimnis, das in der Menschwerdung Christi einen Ort in der Geschichte der Menschheit und einen Ort in unserem Leben hat. Das ist ein einzigartiges unverwechselbares Geschehen, das Heilsgeschehen. Daher ist auch die Geschichte, die Großerzählung, von der wir zu berichten haben, einzigartig, nicht zu ersetzen und nicht zu verwechseln mit irgendeinem anderen Geschehen. Wenn die Lehrerin also im Religionsunterricht Bilder und Symbole aus der Natur einsetzt, mit den Kindern spielerisch Fiktionen auf- und abbaut, Rollenspiele macht, körperbezogene Erfahrungen ermöglicht, dann kann das und wird das meistens eine sinnvolle Vorübung sein, es muss aber noch nichts mit dem Bekenntnis unseres Glaubens zu tun haben. Auf die Inhalte kommt es an!

Gibt es einen Weg, der die Grenzen der Wörtersprache überschreitet? Geschichten von Gott, Erklärungen, Wörter kommen so weit sie kommen. Vor dem Geheimnis Gottes kommen sie nicht weit genug. Und sind wir nicht alle überfordert, wenn es gilt, Gott, den Urgrund des Seins, den Schöpfer der Welt, „auf den Begriff zu bringen"?

Aus den Lebensgeschichten der großen Mystiker wissen wir, dass sie nicht selten in das erfüllte, bedeutungsvolle Schweigen führen. Selbst der große Thomas von Aquin hat am Ende aller Argumente das Vorzeichen des Verstummens vor seine große Summe gestellt. Gott hat sich als der offenbart, von dem es kein Bild geben darf, von dem es Erzählungen gibt, welche die Koordinaten unserer normalen Realität sprengen, die alle den Index der Andersheit tragen, der aber im Letzten unsagbar ist. Das wissen auch die Fundamentaltheologen. Sie haben es nicht leicht. Indem sie wortreich die Unsagbarkeit Gottes umzingeln, bringen sie sich manchmal sogar in den Verdacht, in die Falle des Selbstwiderspruchs getreten zu sein. Aber was sollen sie machen?

Wäre dann nicht ein großes Schweigen, das erfüllte Schweigen mancher Mystiker die Lösung, vielleicht die einzig angemessene „Antwort" auf das große Geheimnis Gottes? Es mag in der Tat Lebenssituationen geben, in denen dieses Schweigen „angesagt" ist. Es gibt aber einen sehr einfachen Grund, weswegen wir es nicht beim Schweigen belassen können: Ein Schweigen über die Fülle des Seins, ein Schweigen über Gott, wäre nicht zu unterscheiden von einem Schweigen über nichts. „Von Nichts kommt nichts." Diese Floskel bekommt hier einen sehr präzisen Sinn.

Wenn also das Schweigen ausscheidet und die Gottesrede schon für Erwachsene und große Geister an Grenzen stößt, wie erst dramatisiert sich unser Problem für kleine Kinder. Sie sind ja noch nicht einmal am Ende ihres Spracherwerbs. Abstraktionen sind ohnehin noch nicht angesagt.

8. Der mystagogische Weg

Betrachten wir einmal den verwandelnden, den mystagogischen Weg. Von Verwandlung ist neuerdings viel die Rede – mit Recht! Performanzen sind leuchtende Verdichtungen authentischer Kommunikation, die mehr sind als nur Symbole.[4] Symbole sind im Normalfall nicht das, was sie bedeuten. Sie stehen für etwas anderes, etwas, das sie selbst nicht sind. Es gibt aber Ausnahmen. Sprachphilosophen haben sie entdeckt, und Religionspädagogen haben sie aufgegriffen. Es sind die so genannten „performativen Verben". Anders als alle anderen Verben sind und tun sie, was sie bedeuten. Die Fachleute sagen: Semantik und Pragmatik fallen zusammen.

Ein Beispiel: „Ich befehle dir...!" In dieser Formulierung wird nicht ein Befehl bezeichnet, sie *ist* ein Befehl. Weitere Beispiele: „Ich ernenne dich...", „Ich beglückwünsche", „Ich taufe dich..." „Ich spreche dich los von deinen Sünden...".

Es fällt auf, dass immer die erste Person Singular im Spiel ist. Ein Ich, ein Subjekt, ein Mensch wirkt mit Worten auf einen anderen Menschen ein. Das ist mehr als Kommunikation, das ist Interaktion, das ist beides: Kommunikation als Interaktion. So nahe kommen sich Wörter und Personen sonst nicht. Wer performative Formulierungen hört wie „Ich ernenne dich..." weiß, dass dahinter eine Kraft und Vollmacht steht. Wenn dies nicht so wäre, wäre die Ernennung, die Lossprechung, die Taufe unwirksam. Das Sprechen in der ersten Person hat Kraft. Wer sagt: „Ich bezeuge...", der steht mit seiner Person für das, was er sagt und er steht für seine Wahrheit ein. Ein Satz ist, so sagen es die Sprachphilosophen,

---

[4] Zur mystagogischen Dimension der Liturgie vgl. F.-P. Tebartz-van Elst, Christ werden – Christ bleiben. Katechumenale Katechese und mystagogische Liturgie in neuer Synergie, in: M. Entrich/J. Wanke (Hg.), In fremder Welt zu Hause. Anstöße für eine neue Pastoral, Stuttgart 2001, 109-128, bes. 125-127 „Mystagogische liturgie als modus vivendi".

zunächst einmal eine (propositionale) Objektivation, die Verhältnisse bestimmt. Er steht auf dem Papier oder erklingt von einem Tonträger. Mit Leben aber wird ein Satz erst erfüllt, wenn es einen Menschen gibt, der ihn spricht und Ohren, die ihn hören oder Augen, die ihn lesen.

Das Reden in der ersten Person hat geradezu etwas Inkarnatorisches. Da steht ein Mensch mit Fleisch und Blut, und das, was er sagt, gehört zu ihm. Was er sagt, wäre ohne ihn leer, und er wäre ohne diesen Satz nicht das, was er ist. Kleine Kinder interessieren sich sehr für ihre Wahrnehmung durch die Lehrerin. Von ihr wahrgenommen, „drangenommen" und gelobt zu werden, ist für sie enorm wichtig, wichtiger meist als der Stoff. Aus Erfahrung wissen wir: Nur wenn die Beziehung zwischen der Lehrperson und den Kindern stimmt, dann gelingt der Lernprozess.

Kinder sind offenbar auf die „Frequenz der Performanz" eingestellt. Wenn die Religion der Liebe gelernt werden soll, dann kann dies nur performativ gelingen. Es gelingt, wenn das, was gelernt werden soll, nicht nur vorgesetzt und durchgenommen, sondern bezeugt wird. Inhalte brauchen Zeugen!

Mir scheint, dass in der Literatur ganz übersehen worden ist, dass die höchste semantische Dichte, die dann erreicht ist, wenn Bedeutung und Sein zusammenfallen, nicht nur dann eintritt, wenn Wörter zu dem werden, was sie bedeuten.

Auch im umgekehrten Fall, also dann, wenn ein Ding zu einem bedeutsamen Symbol wird, gleichsam anfängt zu „sprechen", so dass in einem symbolisch geladenen Objekt, sagen wir in einem Stück Brot, Bedeutung und Sein zusammenfallen.

9. Spuren der Kirche

Im Rückblick sehen wir die Spur, welche die Kirche von Anfang an gezogen hat, mit neuen Augen. Wenn wir die Einsetzung eines Sakraments – des Sakraments der Sakramente – nämlich der Eucharistie näher betrachten, dann ist sie nichts weniger als der Weg, die Präsenz des menschgewordenen Gottes zu ermöglichen. Christus wird gegenwärtig. Im Zeichen des Brotes mitsamt seiner im Exodus wurzelnden Vorgeschichte ist das Mysterium Gottes in der Kirche präsent gemacht. Über das Brot, das ältere Exodus-Sakrament, mit dem Israel am Pessachfest sich die Befreiung aus dem Sklavenhaus gegenwärtig machte, sprach Jesus die Worte: „Das ist mein Leib". Indem die Jünger dieses Brot essen, vereinigen sie sich mit ihm. Er bleibt in ihnen und sie in ihm, so der Evangelist Johannes. So springt das Inkarnationsgeschehen auf die Jünger über, so kann es weitergehen:

Die Kirche ist eine sakramentale Größe, sie ist das Ursakrament, in dem Christus lebt. Sie ist das „Zeichen und Werkzeug für die innigste Vereinigung mit Gott und untereinander"[5]. Für Gottes geheimnisvolle Anwesenheit bildet sie eine eigene sakramental eingefärbte Symbolsprache aus, ‚sakrale Indices' der Unterscheidung und Sicherung gegen Verwechslung. Die Kirche ist keine Institution wie andere. Sie ist in der Welt, und die Zuwendung zur Welt ist ihre Aufgabe, der sie sich mit Hingabe widmet. Aber sie ist nicht von dieser Welt. Daher trägt sie die Abzeichen ihrer Differenz und Andersheit nicht aus Gründen der Dekoration oder weil sie ihre feierlichen Gottesdienste zu ganzheitlich erfolgreichen religionspädagogischen Veranstaltungen machen will. Sie trägt sie vielmehr als Ausdruck ihres Wesens. Der Weg der Kirche ist ein mystagogischer Weg. Mit großem Erstaunen entdecken Religionspädagogen mehr und

---

[5] Vgl. Zweites Vatikanisches Konzil, Dogmatische Konstitution über die Kirche „Lumen Gentium" 1, DH 4101.

mehr, wie pädagogisch brauchbar und wertvoll dieser Weg ist.

Für eine ganzheitliche Pädagogik bietet er sich geradezu an. Wie gut sich das trifft! Die Primärsymbole, die wir für den Gott der Bibel reservieren, um seine Andersheit zu markieren, erfassen den ganzen Menschen. Die heiligen Zeichen und Symbole geben dem Glauben Gestalt und Form. Glaube braucht Gestalt.

10. „Mystagogie" – ein umstrittener Begriff

Der Begriff Mystagogie[6] ist in der Religionspädagogik in Mode gekommen. Nicht alle verstehen unter ihm dasselbe. Karl Rahner hat ihn für seine Theologie benutzt. Auf ihn berufen sich viele. Bekannt ist sein Wort vom Christen der Zukunft, der ein Mystiker sein müsse. Der von Martin Heideggers Philosophie beeindruckte große Theologe sah in der mystischen Begabung aller Menschen, ihrer Verwiesenheit auf das Geheimnis Gottes, eine Wesensbestimmung. Wenn Karl Rahner von Mystagogie redet, dann geht es ihm um diese Verwiesenheit.

„Mystagogie" ist ein Begriff, dessen Bestandteile *„mysterion"* und *„ago'gein"* in einer inneren Spannung zueinander stehen. Der erste Bestandteil des Wortes *„mysterion"* bezeichnet das Geheimnis, in der

---

6 Zum Begriff Mystagogie vgl. F.-P. Tebartz-van Elst, Art. Mystagogie/Mystagogische Theologie, III., in: RGG4, Band 5, 1636-1637; F.-P. Tebartz-van Elst, Handbuch der Erwachsenentaufe. Liturgie und Verkündigung im Katechumenat, Münster 2002, bes. 195-202. Vgl. auch: H. Haslinger, Was ist Mystagogie? Praktisch-Theologische Annäherung an einen strapazierten Begriff, in: S.Knobloch/H. Haslinger (Hg.), Mystagogische Seelsorge. Eine lebensgeschichtlich orientierte Pastoral, Mainz 1991, 15-75; F.-P. Tebartz-van Elst, Von der Katechese zur Predigt. Plädoyer für eine mystagogische Verkündigung, in: Ders. (Hg.), Katechese im Umbruch. Positionen und Perspektiven (FS für Dieter Emeis), Freiburg 1998, 422-438; F.-P. Tebartz-van Elst, Christ werden – Christ bleiben. Katechumenale Katechese und mystagogische Liturgie in neuer Synergie, in: M. Entrich/J. Wanke (Hg.), In fremder Welt zu Hause. Anstöße für eine neue Pastoral, Stuttgart 2001, 109-128.

Antike eine geheime Lehre und eine geheime Kultpraxis, die nur wenige Eingeweihte kennen. Das Geheimnis ist da, aber es ist nicht zugänglich, jedenfalls zunächst nicht und nicht allen. Der Begriff stammt aus der Praxis der antiken Mysterienkulte. Die Mysten, das waren die Eingeweihten, die Wissenden und Sachverständigen, die das Geheimnis hüteten. Sie konnten dann mit ordentlichem Anlauf und entsprechender Vorbereitung auch die Adepten in die geheimen Lehren und Riten einführen.

Den zweiten Bestandteil des Wortes *„agogein"* kennen Sie aus Ihrem eigenen Fach Pädagogik. *„paid-agogein"* heißt: das Kind (pais) führen, es an die Hand nehmen, ihm den Weg zeigen.

In der antiken Mystagogie ging es also um eine Kunstlehre, bei der einigen wenigen Auserwählten und Privilegierten ein rituelles und kultisches Know-how vermittelt wurde. Diese Praxis hatte die magische Beherrschung und Instrumentalisierung göttlicher Kräfte und Mächte zum Ziel. Wer sich auf diese Künste verstand, für den war das Geheimnis gelüftet und als solches verschwunden.

Mystagogie in diesem Sinn zielte also darauf, das Geheimnis verschwinden zu machen. Für die Eingeweihten war es am Ende kein Geheimnis mehr. Das antike Mysterion hatte die Form des Rätsels. Und Rätsel können gelöst werden.

Können wir dieses Programm auf den Gott der Bibel übertragen? Den Menschen im Paradies – und hier liegt ein wesentlicher Unterschied – hatte Gott verboten, vom Baum der Erkenntnis zu essen! Die Übertragung des Begriffes „Mystagogie" in den christlich-biblischen Zusammenhang muss also etwas ganz anderes anzielen. Wer die Kinder an die Hand nimmt und sich mit ihnen vor das göttliche Geheimnis stellt, will es nicht lüften oder zum Verschwinden bringen, im Gegenteil; er will es zum Vorschein bringen.

Karl Rahner, auf dessen Begriff „Mystagogie“ sich auch Religionspädagogen gerne berufen[7], hat sich selber über die schulischen Konsequenzen seiner transzendentalen Wesensbestimmung nicht geäußert. Es wäre nun ein Missverständnis, wenn seine anthropologische Aussage, nach der die Präsenz des Mysteriums in allen Menschen angelegt ist, als Methode der Entgrenzung gedeutet würde. Etwa in dem Sinne: Du musst nicht in die Kirche gehen, du musst nicht unbedingt biblische Geschichten erzählen, greif' nur hinein ins volle Menschenleben, in die Lebenswelt, dort findest du schon die „Keime des Ultimaten“ (F. K. Oser).

In der christlichen sakralen Architektur, in der Musik der Kirchen, in der Bilderwelt, die versucht, Heilsgeschichte zu visualisieren und die über allen Stilwandel hinweg immer Wege gesucht und auch gefunden hat, die Andersheit und Transzendenz Gottes zum Vorschein zu bringen, ist die inhaltliche Verbindung mit der Großerzählung der biblischen Geschichte von Gottes Offenbarung in verschwenderischem Reichtum ausgebreitet. Auf diese inhaltliche Verbindung kommt es an. Und ich bleibe dabei: Auf die Inhalte kommt es an! Es gibt einen Unterschied zwischen Glockengeläut und dem Rauschen der Wälder!

Ich bin sehr froh, dass der Limburger mystagogische Weg diesen Schatz entdeckt hat und sich vorgenommen hat, ihn an Kinder und Jugendliche zu verteilen. Was heißt das nun konkret?

---

7 Vgl. die zusammenfassende Darstellung in: F.-P. Tebartz-van Elst, Art. Mystagogie/Mystagogische Theologie, III., in: RGG4, Band 5, 1637.

11. Mystagogische Praxis

Die Kunst, eine Kirche zu betreten, kann wie eine Gebrauchsanweisung gelehrt und eingeübt werden.[8] Die Lehrerin zeigt, wie es gemacht wird. Sie nimmt Weihwasser und bekreuzigt sich. Sie sagt, welche Worte dabei gesprochen werden. Sie geht nach vorne, macht eine Kniebeuge. Dabei weist sie auf das „Ewige Licht" hin, das anzeigt, wo das Allerheiligste aufbewahrt wird. Die Kinder wissen, dass die Kirche ein besonderer Raum ist. Hier ist man still oder spricht nur leise. Laut sprechen sie das Vaterunser und andere Grundgebete, die sie schon gelernt haben.[9] Bevor sie sich mit der Klasse auf den Weg von der Schule in die Kirche gemacht hat, gab es natürlich einen Vorlauf im Klassenzimmer. Hier konnte schon manches eingeübt werden.

Vielleicht gab es Ministrantinnen und Ministranten, die als Experten aufgetreten waren. Vielleicht hatten sie ihre liturgischen Gewänder mitgebracht und sogar ein Weihrauchfass. Vielleicht konnten Vasa sacra, Kelche, Ziborien von Nahem betrachtet werden. Üben, einüben und ausüben ist ein wichtiger Vollzug. Für Musiklehrer ist es selbstverständlich, dass nicht nur über Musik geredet oder Noten geschrieben werden. Und wer Musik *aus*üben will, der muss sie *ein*üben.

Eine Fremdsprache lernt man nicht durch Vokabelpauken und das Studium der Grammatik: Man muss sie sprechen. Durch kleine Übungen, kleine Exerzitien, wissen dann die Kinder, wie es richtig gemacht

---

[8] Zum Verhältnis von Katechese und Mystagogie vgl. F.-P. Tebartz-van Elst, Christ werden – Christ bleiben. Katechumenale Katechese und mystagogische Liturgie in neuer Synergie, in: M. Entrich/J. Wanke (Hg.), In fremder Welt zu Hause. Anstöße für eine neue Pastoral, Stuttgart 2001, 109-128.

[9] Vgl. dazu: J. Ratzinger, Der Geist der Liturgie. Eine Einführung, Freiburg i.Br. 62002. Vgl. hier bes. 147-192 („Der Leib und die Liturgie, 1. „Tätige Teilnahme", 2. Das Kreuzzeichen, 3. Haltungen 4. Gebärden, 5. Die menschliche Stimme, 6. Das liturgische Kleid").

wird. Ein handlungs- und erlebnisorientierter Unterricht ist natürlich nicht sprachlos und stumm. Erklärungen und Erläuterungen geben Auskunft über Sinn und Hintergrund. Dann aber üben sich die Kinder in der Anwendung der eigenen „Sprache" der heiligen Dinge. Sie kommen mit der Zeichenwelt der Kirche[10] in Berührung und werden mit ihr vertraut.

12. Methoden sind keine Inhalte

Wenn alle Menschen „Keime des Ultimaten" in sich und ihrer Lebenswelt vorfinden, also einfacher gesagt, religiös begabt sind, dann könnte sich doch - so eine religionspädagogische Idee der 1990er Jahre - der Religionsunterricht auf die Lebenswelt der Kinder statt auf Katechismussätze konzentrieren.[11] Lehrer müssten Virtuosen der Wahrnehmung werden, alle Antennen ausfahren, um gewahr zu werden, wo die „Keime des Ultimaten" in der Lebenswelt sprießen, sensibel werden für die Fragen und Sehnsüchte der Kinder und nicht - so ein Slogan - Antworten auf Fragen geben, die Kinder gar nicht gestellt hätten. Auf Karl Rahner kann sich dieser Ansatz nicht berufen, im Gegenteil.

Seine transzendentale Anthropologie ruft nach Konkretion. Wenn alle Menschen eine Begabung für Gott in sich tragen, dann ist es auch Karl Rahner nicht gleichgültig, ob sie sich davon anregen lassen, ihr in

---

[10] Vgl. dazu: J. Ratzinger, Der Geist der Liturgie. Eine Einführung, Freiburg i.Br. 62002, bes. 47-96. Zur Theologie der Liturgie vgl. auch: Bernhard Kirchgessner, „Ein Fest in dem das Große auf uns zutritt". Mosaiksteine einer Theologie der Liturgie Joseph Ratzingers - Papst Benedikt XVI., Passau 2008.

[11] Vgl. Rudolf Englert, Der Religionsunterricht nach der Emigration des Glauben-Lernens. Tradition, Konfession und Institution in einem lebensweltorientierten Religionsunterricht, in: Katechetische Blätter, 1/98, 4-13.

polytheistischen Mysterienkulten oder blutigen Ritualen der Gewalt Gestalt zu geben oder in esoterischen oder astrologischen Praktiken. Gott jedenfalls war es nicht egal, sonst wäre er nicht Mensch geworden und hätte uns nicht dieses Beispiel seiner Liebe zur Nachahmung geschenkt und empfohlen. Der Hunger nach Spiritualität ist amorph.

Das Brot, mit dem er gestillt werden kann, hat eine Gestalt und eine Geschichte. Diese Geschichte ist es, die wir den Kindern und Jugendlichen nicht vorenthalten wollen.

Meine durchaus vorhandene Sympathie für ganzheitliche Methoden und das Lernen mit allen Sinnen geht nicht so weit, dass ich diese Methoden für Inhalte nehme. Ohne methodische Kunst haben die besten Inhalte wenig Chancen. Aber ohne die Inhalte wüsste ich als Lehrer gar nicht, warum ich den Weg, den *„(met)hodos"*, überhaupt einschlagen sollte. Der populäre Satz: „Der Weg ist das Ziel" überzeugt nur den, der davon ausgeht, dass es das Ziel nicht gibt. Der verwandte Spruch von Marshal McLuhan „The medium is the message" mag als Motto einer Werbeagentur durchgehen. Im Kern aber ist er die Absage an den Sinn. Wir Christen haben ein Ziel, wir haben eine Botschaft, wir haben Inhalte.

13. Die Bedeutung des religiösen Wissens

Nun fürchte ich, dass die Grundschullehrerinnen und -lehrer und erst recht die Pädagogen anderer Altersstufen und Schulformen skeptisch überlegen, ob nicht der Bischof übersieht, dass der Religionsunterricht normalerweise nicht in der Kirche stattfindet, sondern in der Schule. Sind solche Ideen nicht ein Rückfall hinter die Beschlüsse der Würzburger Synode, die von einer Trennung zwischen Gemeindekatechese und schulischem Religionsunterricht ausging und sich auf eine schultheoretische Begründung des Religionsunterrichts konzentrierte?

Ein kurzer Blick zurück in die frühen 1970er Jahre, in denen diese Synode stattfand, soll hier weiterhelfen. Wir wissen, dass die Bewegung von 1968, manche nennen sie eine „Kulturrevolution", nach wenigen Jahren auch in den Schulen angekommen war. Damals haben Jusos und Julis (Junge Liberale) Parolen ausgegeben, wie: „Tretet massenhaft dem Religionsunterricht aus!"

Der Religionsunterricht stand unter Druck und die Religionspädagogik mit dem Rücken zur Wand. Damals war es möglicherweise richtig, das Hauptaugenmerk auf die schultheoretische Begründung des Religionsunterrichts, auf seine Bedeutung für die Schulkultur, die Vermittlung von Werten, die mit ihm einhergeht, kurz seinen „Kollateralnutzen" (H. J. Höhn) zu legen.

Selbstverständlich hält der Text der Synode von Würzburg, auch wenn er das damals kaum gebräuchliche Wort „missionarisch" nicht verwendete, am Kernziel des Religionsunterrichts, der Öffnung für den Glauben fest. Wenn wir uns den Text näher anschauen, sehen wir, dass er großen Wert darauf legte, die gesellschaftlichen Realitäten zu analysieren. Daraus folgt, dass dieser Text seinen „Sitz im Leben" in den gesellschaftlichen Verhältnissen der frühen 1970er Jahre hatte und daraus folgt, dass er nachjustiert werden muss. Ein solcher Text kann kein überzeitliches Dogma sein. Die Analyse der Rahmenbedingungen von heute fällt anders aus. Der Religionsunterricht hat durchaus eine hohe gesellschaftliche Akzeptanz, auch wenn viele ihn nicht wichtig nehmen. Feinde hat er kaum mehr. Die durchaus nahe liegende Idee, Gemeindekatechese und Religionsunterricht zu trennen und den Religionsunterricht vom Thema der Sakramente zu entlasten, ist nur so lange sinnvoll, als die Kinder beide Lernorte erleben können: Kirche und Schule.

Hat sich da etwas geändert? Ich habe von der Faszination gesprochen, die darin liegen kann, dass die Religionslehrerin, der Religionslehrer zur „ersten Zeugin" bzw. „ersten Zeugen" werden kann und von der großartigen und gewachsenen Bedeutung der Menschen mit Missio, die sich daraus ergibt.

Mir liegt es natürlich fern, die Gemeindekatechese in ihrer eigenen Bedeutung zu mindern, auch weiß ich, dass immer mehr Erzieherinnen gerade in katholischen Kindergärten ihre religionspädagogische Mission erkennen. Ich empfehle daher allen Grundschullehrerinnen und Grundschullehrern immer auch genau hinzuhören und hinzuschauen und zu überprüfen, ob der Satz: „Die bringen nichts mehr mit..." auch stimmt. Aber, ich habe versprochen, realistisch zu sein. Es ist nicht falsch, davon auszugehen, dass für die allermeisten Kinder die religiöse Erziehung in der Grundschule vom Zauber des Anfangs erfasst werden kann und auch sollte. Wer als Zeugin und Zeuge in der ersten Person redet, hat etwas zu sagen. Es gibt die Botschaft, die wir auszurichten haben und es sind die Inhalte, die wir vermitteln sollten.

Wenn ich jetzt zum Abschluss von diesen Inhalten und der Bedeutung des religiösen Wissens rede, dann will ich den Blick, der sich bisher wesentlich auf die ersten Grundschuljahre konzentrierte, weiten und ihn auch auf andere Altersstufen und Schulformen richten.

14. Der Religionsunterricht – ein „ordentliches Lehrfach"

Seine Besonderheit, die ihn von anderen Schulfächern unterscheidet, bezieht der Religionsunterricht durch die Besonderheit seines Inhalts. Es ist sein Bekenntnis, das nur in der Zeugenschaft, in der Teilnehmerperspektive so vermittelt werden kann, dass es von innen heraus verstanden wird.

Der Wissenschaftstheoretiker Paul Feyerabend unterscheidet die Teilnehmerperspektive und die Beobachterperspektive. Natürlich kann man vom Tanzen auch reden, wenn man immer nur zugeschaut, aber nie getanzt hat. Auch ein Blinder kann von der Farbe reden, aber was Tanzen ist, muss man einfach erlebt haben, sonst kann man nicht „mitreden". Die distanzierte Vermittlung hat etwas Zweitbestes. Verzichten können wir aber nicht auf sie, denn wir würden sonst etwas Wertvolles vernachlässigen, unsere Vernunft.

Vernunft lebt von Reflexion. Reflexion findet dann statt, wenn wir einen Schritt zurücktreten, uns selbst beobachten und das Problem oder die Aufgabe, vor der wir stehen. Dies ist eine herausragende und besondere Fähigkeit, die uns Menschen von anderen Lebewesen unterscheidet. Reflexion ist der „Sonntag“ unter den Wahrnehmungen. Auch am ersten Tag der Woche hören wir auf zu arbeiten, d.h. wir heben den Kopf, schauen vor und zurück und weiten unseren Geist. Deswegen ist es sehr wichtig, dass wir auch aus der distanzierten Beobachterperspektive schauen lernen.

Als ich von der Bedeutung einer Zeugenschaft für Jesus Christus gesprochen habe und ihrer Bedeutung für Menschen mit Missio, wird sich die eine oder der andere von Ihnen gedacht haben: Ich kann doch nicht bei Pubertanden in der neunten Klasse in der sechsten Stunde 45 Min. lang Zeugnis ablegen! Natürlich kann ich mich als Lehrer auch überfordern und überanstrengen, um dann vielleicht bitter enttäuscht zu werden. Erinnern wir uns doch an die Weisheit, nach der jedes Ding seine Zeit hat. Erinnern wir uns auch daran, dass Religionsunterricht tatsächlich ein Schulfach ist, nach der Formulierung des Grundgesetzes ein „ordentliches“ Lehrfach, das heißt, in vieler Hinsicht ein Fach, wie jedes andere auch; ein Fach mit Zeugnissen und Noten, ein Fach mit Lehrplänen, Lehrbüchern, mit einem definierten Inhalt.

Mir kam es heute darauf an zu betonen, dass dieser besondere Inhalt des Religionsunterrichts auch eine besondere Zeugenschaft braucht. Ich bleibe dabei, wer nur den distanzierten Blick des Beobachters und Religionswissenschaftlers zulässt, gibt den Jugendlichen keine Chance, wirklich zu erleben, was es mit der Religion auf sich hat. Andererseits muss die Zeugenschaft auch klarlegen, wofür sie Zeugnis ablegt: Auf die Inhalte kommt es an! Ohne sie ist die Zeugenschaft gar nicht möglich.

Nun aber geht es mir darum, Reflexion und Wissen stark zu machen. Für das religiöse Wissen und den Reflexionsblick, dessen positive

Bedeutung ich herausgestellt habe, gibt es Standards. Sie selber haben sich Kenntnisse über ihr Fach in einem wissenschaftlichen Studium an einer Hochschule erworben. Sie haben sich in der praktischen Ausbildung, wahrscheinlich aber noch mehr in der täglichen Begegnung mit Ihren Schülerinnen und Schülern, auch schulmeisterliche Kenntnisse über Didaktik und Methodik erworben und wissen, wie man dieses Wissen weitergibt.

Im Englischen gibt es die schöne Unterscheidung zwischen *„to know how"* und *„to know that"*. Auf beides kommt es an. Auf die Inhalte und die Kunst, sie zu vermitteln.

Immer wieder hört man Klagen von Hochschullehrern, vor allen Dingen der geisteswissenschaftlichen Fächer, dass die Kenntnisse der Studierenden über die Bibel, die richtige Art sie zu lesen und auszulegen, sehr zu wünschen übrig lassen. Ich glaube, dass der heutige Religionsunterricht sehr viel besser ist als sein Ruf. Vorurteile, die ihn als inhaltsschwach bezeichnen, treffen längst nicht mehr die Realität. Auch der Vorwurf: „Die machen ja nur Sozialkunde..." scheint mir so pauschal nicht begründet.

Es mag Phasen gegeben haben, in denen das Prinzip der Schülerorientierung absolut gesetzt wurde, d.h. in denen man nur Fragen zuließ, die aus der Lebenswelt der Kinder kamen. „Herr Lehrer, müssen wir heute wieder machen, was wir wollen?" Dieser Witz hatte eine Grenze markiert. Sehr bald hatte man erkannt, dass die Lebenswelt keine maßstäbliche Orientierung bieten konnte. Sie liefert Anknüpfungspunkte, aber keine Inhalte. Ähnliches gilt für das Stichwort der Problemorientierung.

Vielleicht war es wichtig für die Religionspädagogik, dass sie diese Phasen und Moden durchlaufen hat. Inzwischen werden mir viele Religionspädagogen, vielleicht sogar die meisten zustimmen, wenn ich sage: Auf die Inhalte kommt es an! Gerade Jugendliche, die über den Tag hinaus denken, schätzen einen Unterricht, aus dem sie etwas mitnehmen und Lehrer bzw. Lehrerinnen, die Profil zeigen. Ihre eigene Lebenswelt und ihre Probleme kennen sie selbst. Sie sind von Natur aus neugierig. Sie wollen etwas lernen und etwas wissen, vor allem wollen sie wissen, was wertvoll ist, was dem Leben Sinn gibt und wie die Person dazu steht, die die Inhalte vermittelt. Da werden wir ihnen doch die gute Nachricht, die beste, die es gibt, nicht vorenthalten!

15. Die Inhalte im Reformprozess

Die zurzeit bundesweit in Gang gesetzten Bildungsreformen setzen auf Strukturen. Strukturen können sehr wichtig sein. Aber wer nur auf Strukturen setzt, übersieht leicht, dass die Inhalte, auf die es doch am Ende ankommt, nicht wie Variablen behandelt werden können. Wenn ein Organisationsentwickler eine Firma „neu aufstellt“, dann geht es um die Optimierung von Abläufen, um Personalentwicklung, Motivation etc. Bei der Übertragung dieser Optimierungsrezepte aus dem Profit-Bereich der Wirtschaft in den Bildungsbereich, die ich nicht in Gänze verteufeln will, gibt es aber bestimmte Gefahren.

Ich will nur ein Beispiel herausgreifen. Wenn es heißt, wir sagen nicht mehr wie bei den alten Lehrplänen, was als Stoff „durchgenommen“ werden muss, sondern formulieren Kompetenzen, die vermittelt werden sollen, dann denkt man beim Begriff „Kompetenz“ zunächst nur an „*know how*“. An welcher Materie dieses „*know how*“ erworben wird, soll offen bleiben. Es gibt gewiss Bereiche und Fächer, wo dieser Ansatz sinnvoll erscheint. Wenn ich etwa im Geschichtsunterricht die Kompetenz vermitteln will, mit schriftlichen Quellen umzugehen, dann ist es im Prinzip nicht wichtig, an welchen Beispielen dieses exemplarische Lernen stattfindet. Wenn ich nun frage, was eine religiöse Kompetenz ist, dann kann ich mich mit der Antwort kurz fassen, denn es sollte deutlich geworden sein, dass der von mir beschriebene mystagogische Weg eine Mischung von „*know how*“ und „*know that*“ sein muss.

Dabei kann nicht beliebig sein, was im engeren Sinn gewusst werden soll. Wenn ein Jugendlicher nach 13 und in Zukunft nach 12 Jahren Religionsunterricht die Schule verlässt, so sollte er die Bibel gut kennen und das Credo der Christen. Er sollte hermeneutische Kompetenzen erwerben. Dabei kann gerne offen bleiben, an welchen Beispielen er sich klar gemacht hat, was eine literarische Form ist. Auch muss er nicht alle Wundererzählungen kennen gelernt haben, aber er muss wissen, wie er damit umgehen sollte, von welcher Wirklichkeit die Texte reden und von welcher nicht. Er sollte die unterschiedlichen literarischen Genera auseinander halten können. Er sollte etwas wissen über die biblische Aufklärung, die Religionskritik der Propheten, den großen Qualitätssprung in der Religionsgeschichte der Menschheit, der im Übergang vom Polytheismus zum einen Gott der Bibel besteht. Er sollte wissen, was mit Offenbarung gemeint ist und was nicht. Er sollte sich vielleicht bei der Lektüre des Buches Hiob mit der Theodizee-Frage auseinandergesetzt haben. Eine Abiturientin, ein Abiturient sollte nach 12 Jahren Religionsunterricht auch die Kirchengeschichte in ihrer korrigierenden und vereinenden Bedeutung kennengelernt haben. Wer sich reflexiv mit seiner Religion, aber auch mit anderen Kulturen und Religionen auseinandergesetzt hat, wer weiß, wie fides et ratio einander ergänzen können, ist dann, wenn die Beobachterperspektive mit der Teilnehmerperspektive zusammen kommt, in einer ganz anderen Lage.

Im Rückblick – auch das heißt Reflexion – werden die Jugendlichen erkennen, wie das, was das kleine Kind mit allen Sinnen eingeübt hat, was ihm zur emotionalen Heimat geworden ist, auch intellektuell, d.h. geistig und geistlich beglaubigt werden kann. Das Christentum ist wegen seiner schon in der Bibel grundgelegten Bindung an die menschliche Vernunft in einer Weise modernitätskompatibel, die mich selber immer wieder begeistert.

Im gründlichen Religionsunterricht in der Schule haben wir durch die Weisheit der Väter und Mütter unserer Verfassung in Deutschland die für Europa beispielhafte Chance, die Präsenz der christlichen Botschaft zum Leuchten zu bringen und sie für unsere Zeit attraktiv zu machen. Inhalte brauchen Zeugen, mutige, kundige und beherzte Lehrerinnen und Lehrer. Lassen sie uns die Segel hochziehen und, woher auch immer der Wind kommt, unser Ziel ansteuern.

Mission braucht Mut zum Inhalt

Auskunftsfähigkeit und Sprachfähigkeit als Kriterium einer konfessorischen Katechese [1]

„Contemplata aliis tradere" – *„An andere weitergeben, was man durch Studium und Betrachtung gelernt hat!"* Dieses Prinzip im Glauben und im Leben des Hl. Thomas von Aquin, dem zu Ehren wir die heutige Akademie gestalten, markiert eine Priorität, die es in der Weitergabe des christlich-kirchlichen Glaubens zu fördern gilt. Wirft doch die Wahrnehmung eines eklatanten Verlustes an Glaubenswissen in unseren Gemeinden auch die Frage auf, wie profund in der Vergangenheit Glaubenseinführung und -vertiefung stattgefunden haben. Gott Dank können wir beobachten, dass Religion und Glaube in jüngster Zeit kein Tabu-Thema mehr sind. Wo Christen auf die Frage angesprochen werden: *„Wie hältst du es mit der Religion?"* fällt es oft nicht leicht, Glaubensbekenntnis und Glaubenserfahrung so ins Wort zu bringen, dass eine Aufmerksamkeit entsteht, die Neugierige weckt, weiter nachzufragen.

Dabei liegt hier nach dem großen Schreiben Papst Paul VI. *„Evangelii nuntiandi"* – *„Über die Evangelisierung in der Welt von heute"* [2] der Ausgangspunkt für eine weiter und tiefer führende missionarische Kommunikation. Wo das Zeugnis des Lebens nach dem Zeugnis des Wortes verlangt,

---

[1] Vortrag im Rahmen der Akademie zu Ehren des Hl. Thomas von Aquin, am Sonntag, dem 01. Februar 2009, an der Philosophisch-Theologischen Hochschule Sankt Georgen in Frankfurt am Main.

[2] Apostolisches Schreiben „Evangelii nuntiandi" Seiner Heiligkeit Papst Pauls VI. an den Episkopat, den Klerus und alle Gläubigen der Katholischen Kirche über die Evangelisierung in der Welt von heute vom 8. Dezember 1975, dt. Text in: Arbeitshilfen 66, hg. vom Sekretariat der Deutschen Bischofskonferenz, Bonn ^{4}1998.

wo die Aufmerksamkeit und auch die biblisch bezeugte Anstößigkeit unseres Glaubens Orientierungsnotwendigkeit und -bereitschaft hervorruft, wird bewusst: *„Mission braucht Mut zum Inhalt!“*

In diesem Jahr erinnern wir uns besonders an das Erscheinen des ersten großen nachkonziliaren Schreibens eines Papstes zur Katechese. Im Oktober 1979 – ein Jahr nach seinem Amtsantritt – hat Johannes Paul II. in dem großen Dokument *„Catechesi tradendae“*[3] weitergeführt, was in *„Evangelii nuntiandi“* als neuer Impuls für eine Glaubensverkündigung mit Offenheit und Entschiedenheit in einer zunehmend religiös pluralen und säkularen Welt grundgelegt ist.

Heute – genau dreißig Jahre später – lesen sich manche Kapitel mit beachtlicher Aktualität. Dort ist ausdrücklich die Rede von *„der Freude des Glaubens in einer schwierigen Welt“*, die es umso notwendiger macht *„die christliche Identität zu bekräftigen“*. Dreißig Jahre nach seinem Erscheinen lesen wir dieses Schreiben mit den Augen einer neuen missionarischen Aufmerksamkeit: *„Wir leben in einer schwierigen Welt, wo die Furcht, die besten Schöpfungen des Menschen könnten diesem entgleiten und sich gegen ihn wenden, ein Klima der Unsicherheit schafft. In dieser Welt muss die Katechese den Christen helfen, zu ihrer Freude und zum Dienst aller ‚Licht‘ und ‚Salz‘ zu sein. Das erfordert gewiss, dass (die Katechese) (die Christen) in ihrer Identität bestärkt und sich selber unablässig von den Zweifeln, Ungereimtheiten und der sie umgebenden Gleichgültigkeit befreit.“* (CT 56)

Als besondere Herausforderungen für die Katechese nennt dieses Dokument vor dreißig Jahren die wachsende Gleichgültigkeit, die dazu herausfordert, im Glauben klar und konsequent zu bleiben, unbefangen

[3] Apostolisches Schreiben „Catechesi Tradendae“ Seiner Heiligkeit Papst Johannes Paul II. über die Katechese in unserer Zeit vom 16. Oktober 1979, dt. Text in: Arbeitshilfen 66, hg. vom Sekretariat der Deutschen Bischofskonferenz, Bonn ^{4}1998.

ihre christliche und katholische Identität zu bekräftigen, den Unsichtbaren zu sehen und dem absoluten Gott derart verbunden zu sein, dass Christen seine Zeugen werden in einer materialistischen Zivilisation, die ihn leugnet.

Ferner spricht dieses Dokument von der Notwendigkeit, die ursprüngliche Pädagogik des Glaubens neu aufzuspüren, eine dem Dienst am Credo angemessene Sprache zu entwickeln, die Gewissheit des Glaubens in einem Horizont zu suchen, den schon Blaise Pascal im Anschluss an den Hl. Augustinus mit den Worten umschreibt: *„Du würdest mich nicht suchen, wenn du mich nicht schon gefunden hättest!“* Dieses Bewusstsein eröffnet den Entfaltungsraum einer konfessorischen Katechese, die Auskunftsfähigkeit und Sprachfähigkeit voraussetzt.

Das gegenwärtige Paulusjahr ist eine Sprachschule, die neu entdecken lässt, dass Mission Mut zum Inhalt braucht. Bei seiner Eröffnung hat Papst Benedikt im Juni des vergangenen Jahres auf diese besondere Chance für unsere Kirche und ihre Katechese verwiesen: *„Wir sind also versammelt, nicht um über vergangene Geschichte nachzudenken, die unwiderruflich vorbei ist. Paulus will mit uns reden – heute.“* [4]

Die uns heute aufgegebene Suche nach missionarischen Wegen der Glaubensverkündigung und Gemeindebildung für morgen braucht zuerst den geistlichen Dialog mit der Schrift und der Überlieferung als den beiden Quellen unseres katholischen Glaubens. Der alarmierend gesunkene Grundwasserspiegel des Glaubenswissens fordert uns neu heraus, den Glauben so ins Wort zu bringen – sprachfähig und auskunftsfähig zu werden –, dass wir verinnerlicht haben, wer wir sind. Eben: *„Contemplata aliis tradere!“* Papst Benedikt hat bei der Eröffnung des Paulusjahres diese Notwendigkeit einer spirituellen und theologischen Vergewisserung

---

[4] Benedikt XVI., Predigt im Rahmen der Vesper zur Eröffnung des Paulusjahres am 28. Juni 2008, in St. Paul vor den Mauern.

als Voraussetzung für den ‚*Mut zum Inhalt*' herausgestellt: „*Die Kirche ist nicht ein Verein, der eine bestimmte Sache voranbringen will. In ihr geht es nicht um eine Sache. In ihr geht es um die Person Jesu Christi, der auch als der Auferstandene Fleisch geblieben ist.*" *(vgl. Lk 24,39)* „*Er hat Leib. Er ist selbst da in seiner Kirche, ‚Haupt und Leib' ein einziges Subjekt, wird Augustinus sagen.*"[5]

So gegenwärtig wird Kirche, wo Christen zuerst ein Bewusstsein für die geschenkte Berufung entwickeln. Missionarische Glaubensverkündigung wird umso klarer, je größer die Gewissheit ist, was uns persönlich im Glauben zugewachsen ist.

Das alte Wort des Kirchenvaters Tertullian bekommt in unseren Tagen deshalb eine neue Aktualität und Anschaulichkeit und lässt die ursprüngliche Pädagogik des Glaubens wiederentdecken: „*Fiunt non nascuntur christiani*"[6] – „*Christ wird man, man ist es nicht von Geburt an.*" So pointiert übersetzt, macht es bewusst, dass Mission und Initiation ein Entwicklungsgeschehen im Glauben sind, ein persönlicher Wachstumsprozess und immer weniger eine kollektive kulturell-soziale Gegebenheit.

Das Abschmelzen volkskirchlicher Lebens- und Lernvollzüge des Glaubens in der einstigen Trias „Familie – Schule – Gemeinde" lenkt den pastoralen Blick der Kirche zunehmend auf Einzelsituationen und -personen, die es für die „Berufung zum Glauben" als „Zeichen für die Welt" zu öffnen und zu gewinnen gilt. Diese neue missionarische Herausforderung in einer Zeit gesellschaftlicher Veränderungen und eines kirchengeschichtlichen Übergangs konfrontiert uns pastoral mit der Frage: Welche neue Sozialgestalt der Kirche als Bedingungsgefüge für Eingliederungsprozesse in den Glauben bahnt sich an? Die neue missionarische Herausforderung bewegt uns geistlich dazu, die aus

---

[5] Benedikt XVI., Predigt im Rahmen der Vesper zur Eröffnung des Paulusjahres am 28. Juni 2008, in St. Paul vor den Mauern.

[6] Tertullian, Apologeticum 18, 4.

volkskirchlicher Sicht scheinbaren Zumutungen einer Zeit des Übergangs in der Glaubensweitergabe als Zutrauen Gottes zu verstehen, unter veränderten Bedingungen das Grundlegende unseres Glaubens neu sagen zu lernen – ganz im Sinne des prophetischen Wortes *„Neues kommt zum Vorschein, merkt ihr es nicht?"* (Jes 43,19)

Schließlich konfrontiert uns die Zeit des Übergangs katechetisch mit einer Situation, die Bischof Joachim Wanke in der Erläuterung des Wortes der deutschen Bischöfe *„Zeit zur Aussaat – Missionarisch Kirche sein"*[7] aus dem Jahr 2000 treffend beschrieben hat: *„Unserer katholischen Kirche (in Deutschland) fehlt die Überzeugung, neue Christen gewinnen zu können. Das ist derzeit ihr schwerster Mangel. (...) Im Normalfall vertrauen wir als Mittel der „Christenvermehrung" auf die Taufe der Kleinstkinder. Dagegen ist im Grunde auch nichts zu sagen. Es ist heutzutage freilich nicht das Selbstverständlichste von der Welt, dass alle als Kleinstkinder Getauften auch wirklich ‚nachhaltig' Christen werden."*[8]

Heute begreifen wir noch deutlicher, was Joachim Wanke als ausdrückliche chancenreiche Schlussfolgerung aus dieser Entwicklung formuliert: *„Der christliche Glaube wird wieder zu einer echten persönlichen Entscheidung. Das Traditionschristentum wandelt sich mehr und mehr zu einem Wahlchristentum. Damit rücken wir wieder an die Ursprungszeit des Christentums heran, in der der Taufe die persönliche Bekehrung voranging – ohne dass die ständige Umkehr nach der Taufe unnötig wurde."*

---

[7] Zeit zur Aussaat. Missionarisch Kirch sein, in: Die deutschen Bischöfe 68, hg. vom Sekretariat der Deutschen Bischofskonferenz, Bonn 2000.

[8] J. Wanke, Brief eines Bischofs aus den neuen Bundesländern über den Missionsauftrag der Kirche für Deutschland, in: Die deutschen Bischöfe 68, hg. vom Sekretariat der Deutschen Bischofskonferenz, Bonn 2000, 35.

Die Pastoral mit zunehmend ungetauften Kindern, Jugendlichen und Erwachsenen kann in diesem Sinn in der Erkundung einer neuen Sozialgestalt der Kirche zu einem katechetischen Katalysator werden. Sie braucht eine Aufmerksamkeit für die sich radikal verändernde Situation der Glaubensweitergabe in unserer Gesellschaft und die im Zitat angesprochene Orientierung am Paradigma christlicher Pädagogik aus der Ursprungszeit der Kirche: dem Katechumenat.

Wo diese Korrelation aufgenommen wird, ergeben sich neue Profilierungen in der Katechese und Perspektiven für die Pastoral der Glaubensweitergabe in einer Zeit des Übergangs. In dieser Schrittfolge möchte ich meine Überlegungen entwickeln:

1. Pastorale Aufmerksamkeiten

Veränderungen, die in der Pastoral zum Handeln herausfordern, sind phänotypisch und genotypisch nicht immer deckungsgleich. Zahlen sprechen in der Regel eine nüchterne Sprache. Was im Sinne der Reich Gottes Botschaft des Neuen Testamentes zählt, lässt sich nicht ohne weiteres mit Statistiken bemessen.

Und doch verläuft über die Wahrnehmung von Entwicklungen, die belegbar sind, der Weg einer Erkundung dessen, was von Gott her in den Blick kommen soll. Es ist die alte Erfahrung des geistlichen Lebens: Gott umarmt uns durch die Wirklichkeit, die uns umgibt. In diesem Sinn möchte ich bei der Aufmerksamkeit für die Bedeutung einer konfessorischen Katechese zweierlei berücksichtigen:

1.1 Statistische Beobachtungen

Der Blick auf die Zahl der katholischen Taufen in Deutschland im Zeitraum der 1990er und 2000er Jahre zeigt eine deutlich rückläufige Tendenz. Auch wenn hier der demographische Faktor wesentlich die Entwicklung erklärt, bleibt als Ergebnis ein auch auf Zukunft hin zu erwartender Trend, der Christen gesellschaftlich eher mit einer Diaspora- bzw. Minderheitenexistenz konfrontiert. Absolut betrachtet hat sich im Zeitraum von 1995 bis 2007 die Zahl der Taufen (ab dem 7. Lebensjahr) von 9.422 auf 12.004 erhöht. Bei den Erwachsenentaufen (ab dem 14. Lebensjahr/Alter der Religionsmündigkeit) gab es im gleichen Zeitraum eine Zunahme von 2.650 auf 3.576. Dieser Steigerung von 21,5 Prozent bei der Taufe von Kindern im Grundschulalter und 25,8 Prozent bei den Erwachsenen entspricht im gleichen Zeitraum ein Rückgang der Säuglingstaufen um mehr als 26 Prozent. So betrachtet, kompensiert die steigende Zahl der Erwachsenentaufen nur relativ den absoluten Rückgang der Taufspendungen in Deutschland.

Entscheidender aber als die Zahlen ist die Wirkung, die von neuen Aufbrüchen in der Katechese mit diesen neuen Zielgruppen ausgeht. Betrachtet man die Entwicklung der diözesanen Zulassungsfeiern in den vergangenen 12 Jahren, zeigt sich – z. B. auch am Beispiel unseres Bistums Limburg – wie die neue katechetische Aufmerksamkeit für wenige durchaus den vielen in den beteiligten Gemeinden ein Bewusstsein für die eigene Glaubensidentität aus der Initiation vermittelt.

Darüber hinaus bewirkt die exemplarische Veranschaulichung neuer Aufbrüche in der Katechese eine missionarische Dynamik in der Glaubensweitergabe. Im Mai diesen Jahres werden wir hier in Frankfurt im Haus am Dom einen Internationen Kongress veranstalten, der den Blick auf diese Aufbrüche richten will, die seit 15 Jahren in den meisten deutschen Bistümern einen katechetischen Weg wieder in Erinnerung gerufen haben, der pastoralgeschichtlich in volkskirchlicher Zeit in Vergessenheit geraten war.

Diese gesamten statistischen Beobachtungen bündeln und belegen die innere Entwicklung eines Zeitraums der Veränderung des kirchlichen Lebens in Deutschland und darüber hinaus, die seinerzeit schon der damalige Kardinal Ratzinger in der Entstehung des Weltkatechismus wahrgenommen und aufgegriffen hat. Seine Beobachtungen lesen sich aus heutiger Sicht als bemerkenswerte zeitgeschichtliche Indikationen und Inspirationen auf der Suche nach einer zukunftsträchtigen Initiationskatechese.

1.2 Zeitgeschichtliche Indikationen

In seiner viel beachteten Rede in Frankreich über *„Die Krise der Katechese und ihre Überwindung“*[9] hat Kardinal Ratzinger 1983 die Krise der Katechese als Gottes- und Sprachkrise des modernen Menschen begriffen. Katechese ist für ihn die Verkündigung und Vermittlung *„vom gegenwärtigen, in unserer Rufweite lebenden Gott“*. Zu einer konfessorischen Katechese gehört dieser geistliche Lebenshorizont. Kardinal Ratzinger fragt seinerzeit danach, ob und wie es der Katechese gelingt, Gott in diesem Sinn präsent zu halten.

Unsere Gemeinde- und Sakramentenkatechese ist heute konfrontiert mit der eingangs skizzierten Umbruch- und Übergangssituation im gesellschaftlichen und kirchlichen Leben. Wachsender Sprachverlust des

---

[9] J. Ratzinger, Die Krise der Katechese und ihre Überwindung. Rede in Frankreich. Mit den Reden von Erzbischof Dermot J. Ryan, Godfried Kardinal Danneels, Franciszek Kardinal Macharski, Einsiedeln 1983.

Glaubens gefährdet auch das christliche Gottesgedächtnis. Sprachbefähigung im Glauben ist umgekehrt die Eingliederung in einen Lebensvollzug des Glaubens, den Ratzinger dort eröffnet sieht, wo die Anrede Gottes durch Menschen zu uns gelangt, die ihn gehört und berührt haben, durch Menschen, für die Gott konkrete Erfahrung geworden ist und die ihn sozusagen aus erster Hand kennen.

Missionarische Glaubensweitergabe in diesem lebendigen Horizont sieht Kardinal Ratzinger gestalthaft im frühkirchlichen Katechumenat ausgebildet. In dieser *„ursprünglichen Pädagogik des Glaubens“* (CT 58) – um das Postulat von Catechesi tradendae aufzunehmen – entdeckt er die ausdrückliche Inspirationsquelle für die Wiederbelebung der Katechese in der Tradierungskrise eines sozialen Gestaltwandels der Kirche.

Der Taufglaube der Kirche, wie er im Katechumenat eingeübt, stufenweise erschlossen und gefeiert wird, ist für Ratzinger Vorgabe und Maßstab jeder theologischen Reflexion und didaktischen Theorie in der Katechese. Wo Glaube und menschliche Erfahrung in Vermittlungsprozessen als Gegenüber gesehen werden und die Orientierung von der Plausibilität eigener Erfahrungswelten aus erfolgt, sieht er die Gefahr, dass der Glaube als Vorgabe und Geschenk an den Menschen in dessen Verfügung gerate. In einer geistigen Atmosphäre des Relativismus droht die Gefahr, dass die Methode in der Katechese die Wahrheit produziert. Von dem, was vermittelbar scheint, wird entschieden, was vermittelt werden soll und nicht mehr von der Sache her gesucht, wie sie vermittelt werden kann. Die jüngsten Erhebungen zu den Meinungs- und Lebenswelten in der Sinus-Milieu-Studie zeigen, wie relativ religiöse Erwartungen und Deutungen sind.

Wahre Katechese braucht die Einführung in einen Glaubensraum, in dem Kinder, Jugendliche und Erwachsene Schritt für Schritt hineinwachsen in die verbindenden und verbindlichen Inhalte des Glaubens. So vermittelt sich die Identität des Christseins als Beheimatung in einem Bekenntnis, das die eigene unmittelbare Plausibilität übersteigt.

Gerade hier sieht Kardinal Ratzinger die Katechese zu einer Horizonterweiterung herausgefordert, die die Vorgabe des Glaubens nicht auf die Nachfrage des Menschen reduzieren darf.

Konfessorische Katechese für (ungetaufte und getaufte) Kinder, Jugendliche und Erwachsene beginnt mit der Suche nach einem Raum des Glaubens, in dem der Zeuge, die Botschaft, die Feier und die Praxis des Glaubens zusammenklingen. Diese Bedeutung liegt dem Wort *„katechein – entgegentönen"* zugrunde. Wo Menschen auf dem Weg zum Glauben selbst zum Resonanzkörper des Evangeliums werden, verstärken sie den O-Ton des österlichen Glaubens auf eine Weise, die andere wieder in Schwingung zu setzen vermag. Diese Dynamik liegt dem kirchlichen Katechumenat als die Pädagogik des Glaubens zugrunde. Deshalb spricht auch das Allgemeine Direktorium für Katechese von 1997 davon, dass der Taufkatechumenat der Kirche das Modell ist, das ihr gesamtes katechetisches Wirken inspirieren soll und stellt fest: *„Darum ist es angebracht, diejenigen Elemente des Katechumenates, welche die heutige Katechese inspirieren sollen, und ihre Bedeutung hervorzuheben."* (vgl. ADK 90)

Von dieser Inspiration hat sich die Kirche in Deutschland in der Praxis und Reflexion leiten lassen. Die Suche nach einer neuen Standortbestimmung in der Katechese hat die deutschen Bischöfe im Jahr 2004 veranlasst, gut zehn Jahre nach der Diskussion um eine *„Sakramentenpastoral im Wandel"* der Initiationskatechese eine größere Aufmerksamkeit zu geben. Das Schreiben *„Katechese in veränderter Zeit"* hat vor fünf Jahren diese Denkrichtung aufgenommen und eine paradigmatische Orientierung am Katechumenat vorgenommen, die ich folgerichtig meinen weiteren Ausführungen zugrunde lege.

2. Katechumenale Orientierung

Beim 40-jährigen Jubiläum der Liturgiekonstitution des II. Vaticanums im Jahr 2003 sagte der damalige Kardinal Ratzinger in seiner Festansprache in Trier: *„Ein Großteil der Christen von heute befindet sich faktisch im Katechumenats-Status und das müssen wir in der Praxis endlich ernst nehmen."*[10]

Das Bemühen um eine Katechese als Inspiration für die Glaubensvertiefung der viel größeren Zahl an Quasi-Katechumenen kennzeichnet die nachkonziliare und nachsynodale Phase der Glaubensvermittlung in den Ortskirchen des deutschen Sprachraums. Schon im Zusammenhang der Entwicklung des Erwachsenenkatechismus Mitte der 1980er Jahre betont der damalige Theologieprofessor Walter Kasper: *„Die Forderung des letzten Konzils, das altchristliche Erwachsenenkatechumenat zu erneuern (Sacrosanctum Concilium 64; Ad gentes 13f.) und die Bestrebungen unter dem Stichwort ‚Gemeindekatechese' sind eine Antwort auf die gewandelte Situation."*[11]

Er sieht im Katechumenat einen Prozess der Glaubenseinführung entwickelt, der Initiation als ein lebendiges Kommunikationsgeschehen im Glauben begreift, das in der Orientierung am Kirchenjahr und am Credo der Kirche Feier und Bekenntnis in seinem originären Zusammenhang erschließt.

Diese Bezogenheit von katechetischen Phasen und liturgischen Stufenfeiern bewirkt eine doppelte Lerndidaktik des christlich-kirchlichen Glaubens.

---

[10] J. Ratzinger, 40 Jahre Konstitution über die heilige Liturgie. Rückblick und Vorblick, in: Liturgisches Jahrbuch 53 (2003) 218.

[11] W. Kasper, Schwierigkeit und Notwendigkeit einer zeitgemäßen Glaubensvermittlung, in: B. Nacke (Hg.), Glaubenshorizonte erweitern. Antworten auf die Tradierungskrise, München 1989, 21.

2.1 Der Katechumenat als Paradigma des Christwerdens

Das Schreiben der deutschen Bischöfe „*Katechese in veränderter Zeit*"[12] aus dem Jahr 2004 bestätigt und bestärkt im paradigmatischen Sinn, dass die Wiedereinführung des Katechumenates die „auffälligste Signatur des Wandels von Katechese" darstellt. Das kirchliche Dokument sieht im Katechumenat geradezu ein Handlungsmuster für Initiation und Identifikation im Glauben in einer weltanschaulich fremden Umwelt. Natürlich bleibt die Unterscheidung zwischen dem Katechumenat im eigentlichen Sinn als dem gestalteten Hinweg zur Feier der Initiationssakramente und der aus dieser Praxis möglichen Übertragung bestimmter Elemente für katechetisches Lernen mit Getauften, zumal diese häufig in einer faktisch katechumenatsähnlichen Situation leben.

Das Paradigma katechumenaler Glaubenseinführung besteht gerade in einer Biografieorientierung, die die jeweilige Lebensgeschichte in der Hl. Schrift, in der Feier des Kirchenjahres und in der Überlieferung der Kirche „*wiederfindet*".

Diese katechetische und geistliche Korrelation prägt einen Lernprozess im Glauben, der Selbstwahrnehmung und Umkehr, Entscheidung und Aufbruch, Vertiefung und Verinnerlichung des Glaubens als die spezifische Dynamik der Initiation kennzeichnet. Dabei ist gerade die Wiederentdeckung des katechetischen Prinzips der Kirchenväter, das in den Feiern der Stufenriten das Entstandene im Glauben begeht und das noch Ausstehende in wachsender Dynamik angeht, Inspiration für eine Belebung der Katechese heute. Drei Phasen im Katechumenat machen dieses Prinzip anschaulich:

---

[12] Katechese in veränderter Zeit, in: Die deutschen Bischöfe 75, hg. vom Sekretariat der Deutschen Bischofskonferenz, Bonn 2004.

Die *Phase der Erstverkündigung* steht am Anfang des Weges. Es ist die Zeit erster Kontakte und Begegnungen mit Menschen, die bereits im Glauben verwurzelt sind, sowie mit der Gemeinde, ihren Gruppen und Kreisen. Diese Phase mündet ein in die Feier der Aufnahme in den Katechumenat.

Die ‚eigentliche' *Phase des Katechumenats* ist eine grundlegende umfassende Einführung in den christlichen Glauben, in die lebendige Gemeinschaft mit Jesus Christus und so in das Leben als Christ. Dies geschieht durch eine katechetische Erschließung der Heilsgeschichte und der Inhalte des Glaubens, durch das Hineinwachsen in gemeindliches Leben und durch die begleitenden liturgischen Feiern.

Besondere Bedeutung hat dabei die Feier der Zulassung zur Taufe am ersten Sonntag der österlichen Bußzeit. Mit ihr beginnt die Zeit der näheren – mehr spirituellen – Vorbereitung auf den Empfang der Initiationssakramente in der Osternacht.

Die *mystagogische Phase* folgt unmittelbar auf die sakramentale Eingliederung in die Kirche. Der gelernte und eingeübte Glaube soll jetzt eine Vertiefung und Vergewisserung erfahren. Das in der spezifisch geprägten Form des Katechumenates Erworbene geht nun über in den Alltag des persönlichen und gemeindlichen Lebens.

Auf diesem paradigmatischen Hintergrund bekommen die programmatischen Worte von Kardinal Kasper über eine ‚zeitgemäße Katechese' eine besondere Plausibilität: *„Es geht also um eine lebendige Tradition, welche den Reichtum der Vergangenheit in der heutigen Situation fruchtbar macht. Paulus sagt, dass dies nicht möglich sei, ohne allen alles zu werden (1 Kor 9,22). Die Kirche muss deshalb immer wieder neu auf die Zeichen der Zeit achten. Sie muss ihren Glauben im Licht der Fragen einer Zeit vertiefen, und sie muss umgekehrt Licht in die Fragen einer Zeit bringen (Gaudium et spes 3f; 10f; 40; 42f; 44 u.ö.). Die eigentliche Krise der Glaubensweitergabe ist nicht die* *mangelnde Anpassung an die Situation, sondern die mangelnde Anpassung an Jesus Christus.«* [13]

Konfessorische Katechese ist in diesem Sinne Eingliederung in den Leib Christi, für die drei katechetische Lernkontexte konstitutiv sind: die Lebensgeschichte der beteiligten Menschen in ihren individuellen und gesellschaftlichen Kontexten; die Botschaft des christlichen Glaubens, vermittelt und erschlossen vor allem im Miterleben des Kirchenjahres und in der Erschließung der Hl. Schrift; die gottesdienstlichen Feiern, die den wachsenden Glauben im Vollzug zum Ausdruck bringen: in der Hinführung zum Gebet (Pflege der wachsenden Gottesbeziehung), in der Feier der katechumenalen Stufengottesdienste und auch in einer angemessen Feier der Gemeindegottesdienste.

Konfessorische Katechese in katechumenaler Ausprägung besteht in dem je spezifisch gestalteten Zusammenhang zwischen individuellem Glaubensweg, dem in der kirchlichen Tradition gewachsenen Glaubensbekenntnis und den in der Glaubensgemeinschaft erfahrbaren Glaubensvollzügen.

2.2 Der Katechumenat als lebendiges Kerygma

Initiation ist Eingliederung in den Leib Christi, der die Kirche ist. Im Katechumenat wird den Ungetauften Kirche als Lerngemeinschaft im Hören auf das Wort Gottes und im Festhalten am Wort des Lebens, das Jesus Christus selbst ist, vermittelt. Der dem Wirken des Heiligen Geistes verdankte Glaube kommt vom Hören. Schauen wir auf die katechetische

---

[13] W. Kasper, Schwierigkeit und Notwendigkeit einer zeitgemäßen Glaubensvermittlung, in: B. Nacke (Hg.), Glaubenshorizonte erweitern. Antworten auf die Tradierungskrise, München 1989, 28f.

Praxis der vergangenen Jahrzehnte, müssen wir kritisch feststellen, dass dieses Bewusstsein bei den katechetisch Handelnden mitunter durch eine Methodengläubigkeit überlagert wurde.

Die neueste oder selbst erstellte Mappe schien dann vorrangiger als die grundlegende Vergegenwärtigung der realen Gegenwart Gottes gerade in den katechetischen Situationen. In diesem Hören und Achten auf die ‚vor-gegebene' Gegenwart Gottes liegt aber die eigentliche theologische Qualität katechetischer Lernprozesse. Nicht das, was wir in methodisch-didaktischen Lernprogrammen an Lernprozessen organisieren, ist Katechese, sondern das, was sich von Gott her ereignet, wo wir ihn als den vergegenwärtigen, der an uns handelt.

Konfessorische Katechese beginnt damit, dass Gott in den Lernenden und Lehrenden zu sprechen beginnt. In diesem Bewusstsein vermittelt sich Katechese als Kerygma. Sie hat eine Erstverkündigung zur Voraussetzung, mit der der katechumenale Weg beginnt. Erst, wo die Botschaft *„mitten ins Herz trifft"* (vgl. Apg 2,37) und das Hinhören auf Gottes Initiative Umkehr freisetzt, gelangt eine konfessorische Katechese in den größeren Horizont der zuvorkommenden und den Glaubensakt erst ermöglichenden Gnade Gottes.

Das Schreiben der deutschen Bischöfe *„Katechese in veränderter Zeit"* aus dem Jahr 2004 versteht Glaubenseingliederung in diesem Sinn als einen ganzheitlichen Vollzug, der situations- und erfahrungsbezogen, schriftbezogen, d. h. evangeliengemäß, prozesshaft und begleitend, positiv und verbindlich sowie partizipatorisch Menschen zur persönlichen Antwort des Glaubens befähigt. Wo dabei Inhalte und Methoden in Personen verkörpert sind, bekommt das Kerygma des Glaubens im persönlichen Bekenntnis des Zeugen sein Gesicht. Konfessorische Katechese führt dort in den Glauben ein, wo sich dieser geistliche und ganzheitliche Gestaltungsrahmen auftut. Von seiner inhaltlichen Ausrichtung gehen neue Anregungen für eine *„Katechese in veränderter Zeit"* aus.

3. Katechetische Profilierung

Im Schreiben der deutschen Bischöfe wird christliche Initiation als Hineinwachsen in die lebensprägende Identität unseres Glaubens verstanden. Es ist gerade der Rekurs auf die frühchristliche Praxis des Katechumenates und die seit den 1990er Jahren erfolgte Wiederbelebung in inzwischen drei Viertel aller deutschen Diözesen, die vier konkrete Inspirationen erkennen lässt.

3.1 Initiation als Identitätsgewinn

Im Katechumenat beginnt die Aufnahme von Beziehung im Glauben damit, dass die Taufbewerber ihre Lebensgeschichte in den Perikopen der Hl. Schrift *‚wiederfinden'*. Diese Korrelation bezeichnet die amerikanische Katechumenatspraxis als *„life story"* in *„faith-stories"*. Darunter versteht man den Anfang eines Deutungsprozesses, in dem die Taufbewerber ihre eigene Biografie mit allen zugehörigen Brüchen als einen Emmausweg eigener Art begreifen. Es ist die Aufwertung der eigenen Lebensgeschichte im Horizont des Glaubens, so, wie der russische Dichter Leo Tolstoi sie ins Wort bringt: *„Liebe deine Geschichte, denn sie ist der Weg, den Gott mit dir gegangen ist."*

Initiation als Identitätsgewinn ereignet sich im Katechumenat, wo Riten den Taufbewerbern auf dem Hintergrund der biografiebezogenen Begegnung mit der Hl. Schrift eine innere Standortbestimmung ermöglichen. Riten begehen, was gewachsen ist und sie eröffnen die innere Perspektive, wo und wie das Leben im Glauben weitergeht. In diesem Sinne eröffnen sie Menschen den Blick auf ihre von Gott gewollte und geschenkte Existenz. Initiationsriten vermitteln Identität, indem sie ‚kritische' Übergänge im Leben zur Entscheidung im Glauben weiter verhelfen. Sie sind im Katechumenat *„rites de passage"* und leisten schon religionsgeschichtlich eine Erfahrung eindeutiger Zugehörigkeit, die beheimatende und entlastende Bedeutung hat.

Ihre theologische Qualität besteht darin, dass sie - gerade in den Eingliederungssakramenten - die Zugehörigkeit zu Christus bezeichnen, die die Identität des Christen ausmacht. Initiation als Identitätsgewinn ist ein individueller, aber kein individualistischer Vorgang. Damit sich *Glaubenszugehörigkeit* als Glaubensbewusstsein ausprägen kann, braucht es die erfahrbare Communio der Kirche.

3.2 Glaubensbiotope als Voraussetzung

Die gesellschaftlichen Studien zu postmodernen Entwicklungen in der Vergemeinschaftung von Menschen zeigen, dass sich anstelle ehemaliger Überzeugungsmilieus, Erlebnismilieus nach alltagsästhetischen Kriterien ausbilden. Die Ergebnisse der oft bemühten Sinus-Studie belegen Tendenzen, die dafür aufmerksam machen, dass sich auch die Initiationspastoral von Ungetauften mit diesem neuen Bedingungsgefüge alltäglicher Lebenswelten und -einstellungen auseinanderzusetzen hat. Die deutschen Bischöfe haben bereits in ihrem Schreiben *„Zeit zur Aussaat – Missionarisch Kirche sein"* darauf verwiesen, dass die Gemeinschaft von Gläubigen für die Erfahrung des christlich-kirchlichen Glaubens unverzichtbar ist. Das Dokument sieht gerade in dieser neuen gesellschaftlichen Wirklichkeit neue Anknüpfungspunkte für die Glaubensweitergabe und stellt fest: *„Das zwingt zu größerer Aufmerksamkeit in heutigen Lebenssituationen, die manchmal verwirrend ‚bunt' und vielgestaltig sind. Es gibt deshalb einen missionarischen Sinn, neue ‚Glaubensmilieus' zu entdecken und Biotopen gleich zu gestalten. Diese ‚Biotope gelebter Christlichkeit' können Räume der Einübung, der Erprobung und Bewährung des christlichen Glaubensweges werden."*[14]

---

[14] Zeit zur Aussaat. Missionarisch Kirch sein, in: Die deutschen Bischöfe 68, hg. vom Sekretariat der Deutschen Bischofskonferenz, Bonn 2000, 25.

Unter sich verändernden gesellschaftlichen Bedingungen zeigt sich, dass nach dem Abschmelzen der einstigen gesellschaftlichen und damit entsprechenden konfessionellen volkskirchlichen Milieus eine konfessorische Katechese trotzdem nicht ohne Milieubezug gelingen kann. Christliche Identitätsbildung verlangt unter solchen Gegebenheiten immer auch einen stützenden Milieubezug, in dem Verbindung untereinander zu einer deutenden Verbundenheit und eindeutigen Verbindlichkeit führt.

Die Bedeutung der Katechumenatsgruppe in der Initiationskatechese veranschaulicht den Stellenwert sinnstiftender und persönlichkeitsfördernder Gemeinschaft unter den Bedingungen postmoderner Gesellungsstile. Mit diesem Ansatz verbindet sich eine weitere Anregung für eine missionarisch profilierte Katechese.

3.3 Glaubensbegleitung als Bedingung

Identitätsbildung im Glauben als ein Wachstumsprozess setzt das Miteinander von Suchenden und Zeugen, Taufbewerbern und Paten voraus. Dieses Moment *„partizipatorischer Glaubenseinführung"* ist nach dem Schreiben der deutschen Bischöfe *„Katechese in veränderter Zeit"* Ausdruck eines Kirchenbildes, das die Beziehungsgeschichte Gottes mit den Menschen widerspiegelt. Es geht um eine Patenschaft im Glauben, die Weggefährtenschaft im Leben einschließt. Es geht um eine Wegbegleitung, die den Suchenden und Lernenden im Glauben sowohl einen Schritt voraus ist, wo die Frage nach konkreten Glaubenserfahrungen voran bewegt, und einen Schritt hinterher geht, wo Unsicherheiten die Lernenden zögern lassen.

So, wie der Katechumenat das Patenamt als Dienst der Glaubensbegleiter im konkreten Glaubenszeugnis entwickelt, wird es heute in der Katechese der Kirche immer notwendiger, persönliche Glaubensbegleitung zu ermöglichen. Wir brauchen eine Neubelebung und Profilierung des Patendienstes im Sinne seiner ursprünglichen Wortbedeutung als „spirituelles und katechetisches sponsoring". Einführung in den Glauben ist immer Geleit. Diese Bedeutung bekommt auch eine vierte Anregung:

3.4 Liturgiemystagogie als Vertiefung

Eine katechumenale Einführung von ungetauften Kindern, Jugendlichen und Erwachsenen vermittelt gerade in den Stufenriten eine liturgiemystagogische Katechese. Sie ist orientiert an dem liturgietheologischen Axiom *„lex orandi – lex credendi"* und rechtfertigt eine Erweiterung dieses Zusammenhangs um die *„lex catechizandi"*. Was wir feiern, spricht an, was wir glauben und verkünden. Wie wir feiern, vermittelt, wie wir glauben und verkünden. Eine daraus abzuleitende Profilierung unserer Glaubensweitergabe setzt ein, wo den Primärsymbolen in unserer Liturgie mehr katechetische Wirksamkeit zugetraut wird.

Ein Kinder- oder Familiengottesdienst, der die Primärsymbole der Liturgie nicht als inhaltlich konstitutiv begreift, bewirkt ungewollt, dass Sekundär- oder Tertiärsymbole in der Feier des Glaubens eine überbordende Aufmerksamkeit bekommen und ein anderes inhaltliches Bewusstsein auslösen. Wo eine eventhafte Ausgestaltung in Liturgie und Katechese Vordergründiges so betont, dass Tiefgründiges nicht mehr erkannt wird, droht die Glaubenseinführung und -vertiefung von Kindern, Jugendlichen und Erwachsenen diffus zu werden.

Christlich-kirchliche Identität lebt in der Liturgie und Katechese aber von wieder erkennbaren und mit anderen zu teilenden Symbolen, die in ihrer Aussage eindeutig sind. Die Bezeichnung des Apostolischen Glaubensbekenntnisses als *„symbolon"* macht schon in systematischer Hinsicht deutlich, was in liturgie-katechetischer Hinsicht profilierter werden will. Diese wohl nachhaltigste Anregung des Katechumenates für Prozesse der Identitätsbildung im Glauben lässt weiter fragen, welches pastorale Bedingungsgefüge eine konfessorische Katechese zu fördern vermag. Dazu möchte ich abschließend drei pastorale Perspektiven formulieren.

4. Pastorale Perspektiven

4.1 Katechumenat als Kairos

Der Blick in andere Länder, die früher als wir die Wiederbelebung des Katechumenates als pastorale Herausforderung angenommen haben, zeigt, welche spirituelle und katechetische Innovationskraft davon ausgehen kann. Gerade die Entwicklung des Katechumenates in Frankreich hat die Bischöfe dort in den letzten fünf Jahren zu zwei großen Schreiben bewegt, in denen missionarische Glaubensweitergabe von der liturgischen Symbolkraft österlicher Identität geleitet ist. Inhaltlich, strukturell und didaktisch orientiert sich das im Jahr 2005 verabschiedete Nationaldirektorium für die Katechese an der Osternachtliturgie.

Und schon im Jahr 2002 stellt das Dokument „*Aller au coeur de la foi*“ [15] eine Antwort auf die Fragen nach einer missionarischen Pastoral dar, die mit dem Schreiben „*Proposer la foi*“ [16] im Jahr 1996 Aufmerksamkeit über Frankreich hinaus gefunden hatten. Auch der Blick in die USA zeigt: Wo sich eine Zielgruppe für die Wiederbelebung des Katechumenates auftut, kommt Bewegung in die gesamte Katechese und Pastoral. So klein die Zahl am Anfang auch sein mag, so groß ist ihre Wirkung im Blick auf die Frage: Wie lassen sich Prozesse der Identitätsbildung im Glauben

---

[15] Aller au coeur de la foi. Un appel à renouveler notre pratique de la catéchèse en France, 8 novembre 2002.

[16] Proposer la foi dans la société actuelle. Lettre aux catholiques de France, Rapport rédigé par Mgr. Claude Dagens pour la Conférence des évêques de France, 9 novembre 1996.

unter einst volkskirchlich geprägten Bedingungen der Glaubensweitergabe initiieren? Wo der Katechumenat in diesem Sinn als Kairos für die Glaubensweitergabe und Gemeindeentwicklung insgesamt begriffen wird, ergibt sich eine weitere pastorale Perspektive:

4.2 Erwachsenenkatechese als Priorität

Nur was unter Erwachsenen gelebt wird, hat eine Chance, unter Kindern und Jugendlichen aufgenommen zu werden. Hier liegt derzeit wohl die größte Belastung unserer Katechese. Sie nimmt sich mit großem Engagement der Vorbereitung von Kindern auf die Erstkommunion und der Hinführung von Jugendlichen zur Firmung an. Dabei läuft sie immer häufiger einer in den Familien nicht stattgefundenen Evangelisierung hinterher. Was aber im elementaren Lebensbereich nicht gelebt und vermittelt wird, kann auch die Katechese nicht kompensieren. In diesem Zusammenhang fördert eine katechumenale Praxis in den Gemeinden, dass die Erwachsenen neu als Zielgruppe des katechetischen Handelns der Kirche in den Blick kommen. Schon im Apostolischen Schreiben *„Catechesi tradendae"* hat Papst Johannes Paul II. 1979 darauf verwiesen, dass alle Lebensalter der Katechese bedürfen.

So sehr bei uns die Erwachsenenbildung in der nachkonziliaren Phase entwickelt wurde, so wenig ist es aber zu selbstverständlichen katechetischen Prozessen – etwa mit den Eltern von Säuglingstäuflingen oder mit jungen Paaren zur Vorbereitung auf das Ehesakrament – gekommen. Der Katechumenat trägt durch seine liturgie-katechetische Ausgestaltung eine Erfahrung von Glaubenseinführung und -vertiefung in unsere Gemeinden, die die Gruppe der Erwachsenen für das Anliegen der Katechese neu in den Blick nimmt.

Erst in diesem Horizont kommt es zur Wahrnehmung der Erwachsenenkatechese im Sinne einer Persönlichkeitsentfaltung als Christ mit dem Lernziel, die je eigenen Charismen zu entdecken und sie zum Aufbau der Gemeinschaft im Glauben einzubringen. Wo bisher Einzelinitiativen, wie z. B. das Projekt *„Wege erwachsenen Glaubens"* aus dem Erzbistum Freiburg und die Initiativen zur Erwachsenenkatechese in Vallendar aufgenommen werden, zeigt sich, welche Inspirationen sie vom Katechumenat bekommen haben. Alle diese Initiativen katechetischer Glaubensvertiefung folgen in ihrer Didaktik einem Prinzip, das eine weitere Perspektive in unsere Pastoral trägt:

4.3 Elementarisierung als Identifizierung

Zum Katechumenat und den davon ausgehenden „quasi-katechumenalen" Initiativen in der Katechese gehört das Prinzip der Elementarisierung. Die Fülle des Glaubens exemplarisch und elementar sagen und zeigen zu können, wird zu einer neuen Herausforderung für missionarische Pastoral. *„Sprachfähigkeit"* und *„Auskunftsfähigkeit"* im Glauben – wie das Schreiben *„Zeit zur Aussaat"* sie als erstrebenswerte Ziele bezeichnet – braucht Einübung in das Elementare.

Die Sonntage und Feste des Kirchenjahres, Bibelperikopen als Identifikation mit den spezifischen Gotteserfahrungen Einzelner in Ereignissen der Hl. Schrift (Abraham, Elija, Rut, Jeremia, Maria, Petrus, Zachäus, Maria Magdalena, Thomas u.v.a.), der Kirchenraum und seine Bilder als Illustrationen unserer Identität im Glauben, Lebenszeugnisse in der Diakonia vor Ort als gedeutete Glaubensbekenntnisse und Veranschaulichung eines tragenden Glaubens, sind als Verdichtungen unserer Glaubensinhalte, wie Kurzformeln unseres Glaubens und damit als pastorale Anknüpfungen zu sehen.

Ich kann hier nur einen Handlungs- bzw. Gestaltungsbedarf anzeigen, für den der Katechumenat ein überzeugendes Beispiel gibt. Elementarisierung im katechumenalen Sinn ist *‚gefeiertes Bekenntnis'* und darin *‚erinnerte Identität'*. Vielleicht darf man für diesen Zusammenhang auch die Worte des Hl. Augustinus bemühen: *„Es kommt das Wort zum Element und* *es entsteht das Sakrament“*[17]; - nicht in einem scholastischen verkürzten Sinn, sondern als Impuls, dem Elementaren mehr zuzutrauen als dem Komplexen.

Schlussbemerkung

Konfessorische Katechese in katechumenaler Prägung darf angesichts unserer vielfältigen und unterschiedlichen Ausgangssituation in den Gemeinden nicht zum exklusiven Anspruch in der Glaubensweitergabe erhoben werden. Die veränderten Lebensbedingungen legen es aber nahe, über solche Wege mit einer Minderheit zu erkunden, was für die Mehrheit in unseren Gemeinden zur Inspiration werden kann.

In diesem Sinne verspreche ich mir gerade von den Pilotprojekten, die in dieser Woche mit einem feierlichen Aussendungsgottesdienst im Limburger Dom aufbrechen, wertvolle Anregungen. Eines der sieben Themenfelder dieser Initiative befasst sich ausdrücklich mit dem Bereich der Katechese. In dem Bemühen um eine konfessorische Katechese konkretisiert sich so, wozu Papst Benedikt XVI. rät: *Die Dynamik des Weitergebens ist ein „Bestandteil der Sendung Jesu, die Christus den Seinigen gegeben hat; und eben auch Ermutigung zur Phantasie und zur Kühnheit, selbst mit dem Risiko, dabei etwas zu verlieren.“*[18] Das bedeutet den Mut zum Inhalt und den Mut zu Innovationen. Ein Wort von Madeleine Delbrêl bündelt, worum es in einer ‚Zeit des Übergangs' vorrangig geht. Es spricht von der Priorität prozesshafter Aufbrüche von Kundschaftern, die uns über gelungene Einzelerfahrungen Mut machen zum Ursprünglichen unseres Glaubens:

---

[17] „Accedit verbum ad elementum et fit sacramentum.“ (Augustius von Hippo, Traktat über das Johannesevangelium 80,3).

[18] J. Ratzinger, Salz der Erde. Christentum und katholische Kirche an der Jahrtausendwende. Ein Gespräch mit Peter Seewald, Stuttgart [7]1997, 162.

Christen in einer ständig und sich rasch wandelnden Welt müssen die Fähigkeit besitzen, ihren Glauben auf die Dynamik der Geschehnisse auszurichten. Aber um diesen raschen Realismus des Glaubens zu haben, müssen wir unsere Voraussetzungen ändern. Wir müssen von einem Apriori der Unbeweglichkeit und Statik zu einem Apriori der Unverzüglichkeit gelangen. Christ sein heißt, das Leben Christi mit unserem Leben zu leben. Das aber bedeutet, nicht eine Kopie zu sein, sondern ein Original.[19]

Mut zum Inhalt ist im wahrsten Sinne des Wortes: die Kraft zur Originalität. Diese Urspünglichkeit braucht unsere Katechese. Daraus erwächst eine „Auskunftsfähigkeit“ und „Sprachfähigkeit“, die die suchenden Menschen neugierig macht – und unsere Kirche missionarischer.

---

[19] Vgl. M. Delbrêl, Die Liebe ist unteilbar (Theologia Romanica XXV), Einsiedeln ²2002, bes. 19-34.